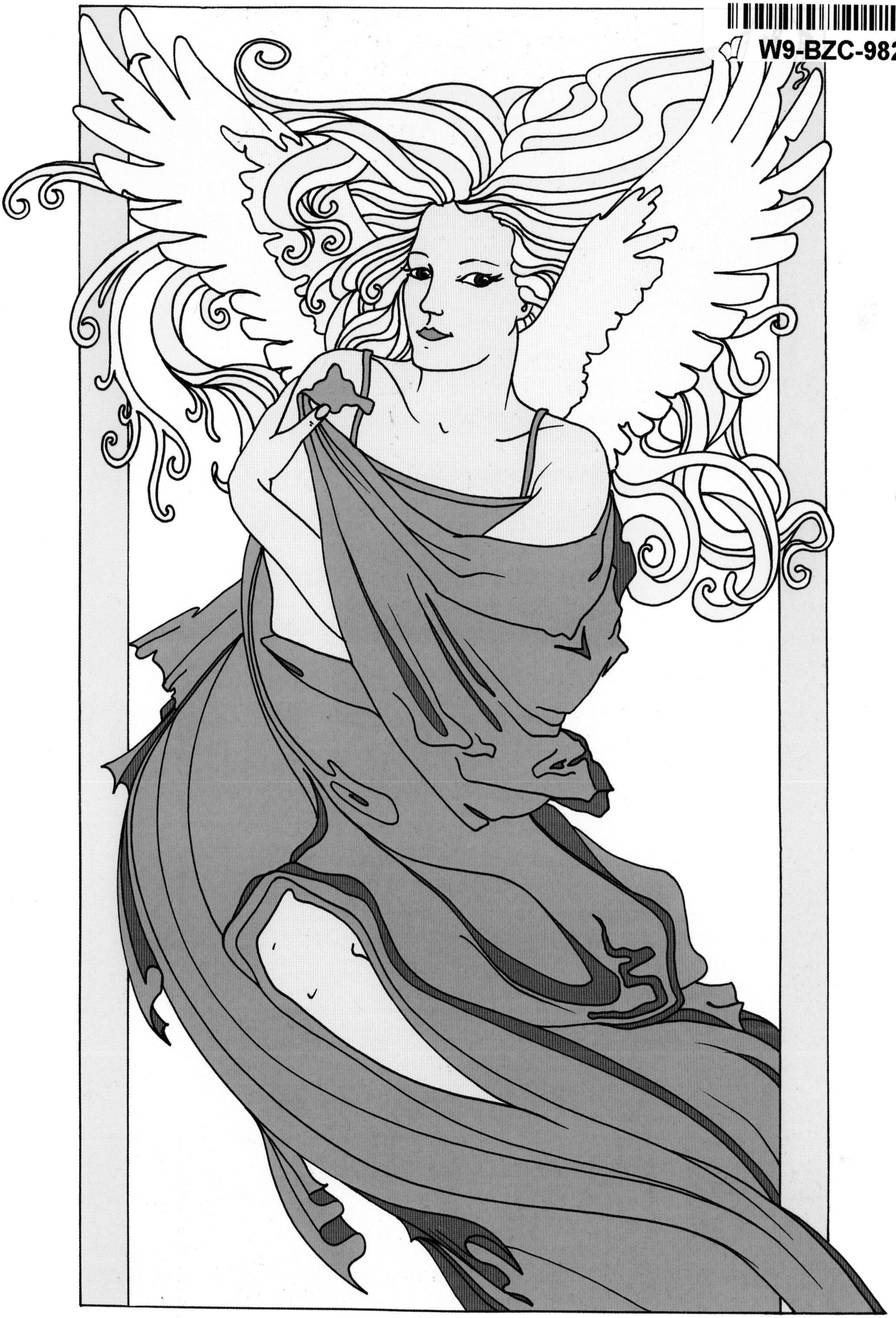

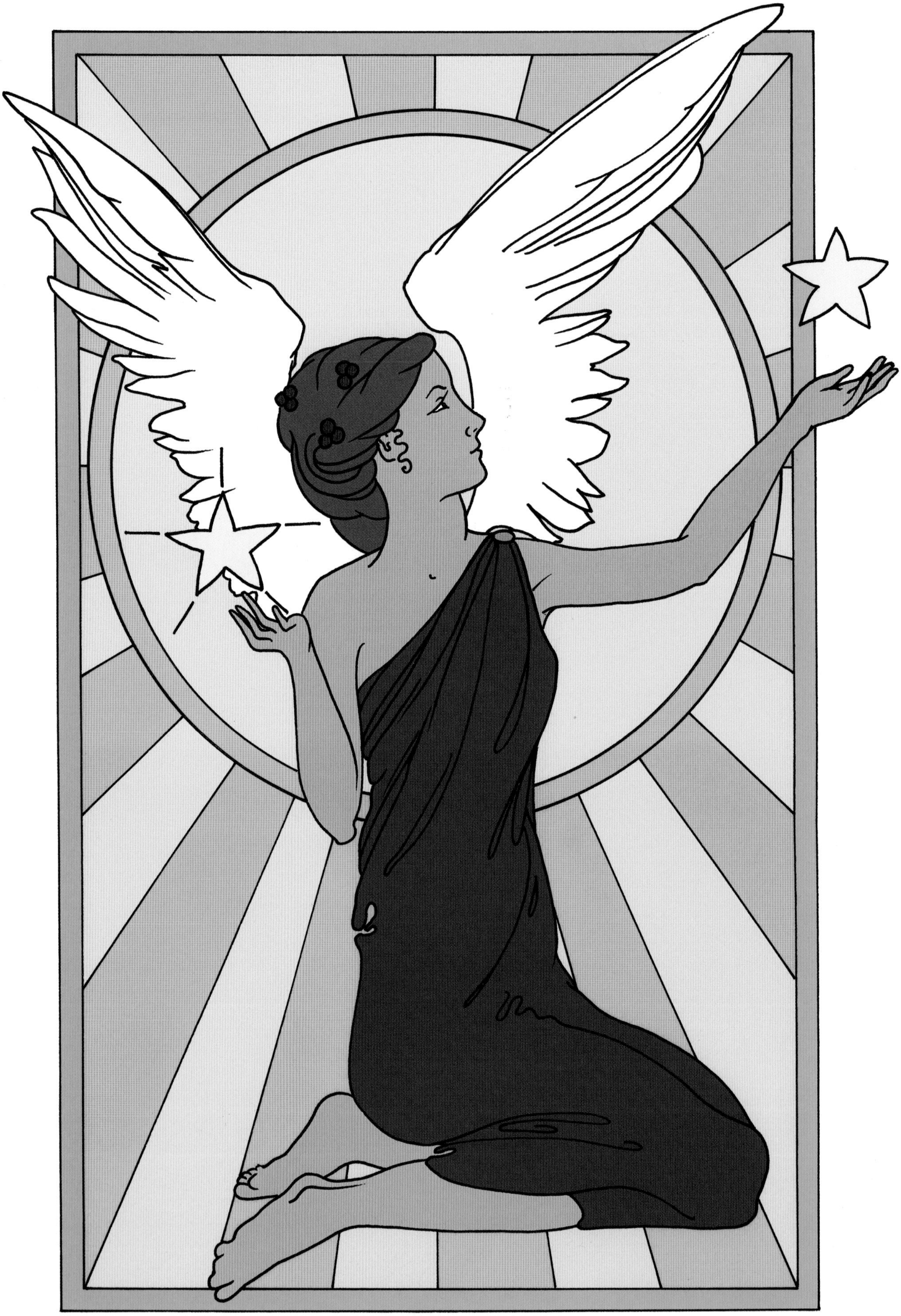

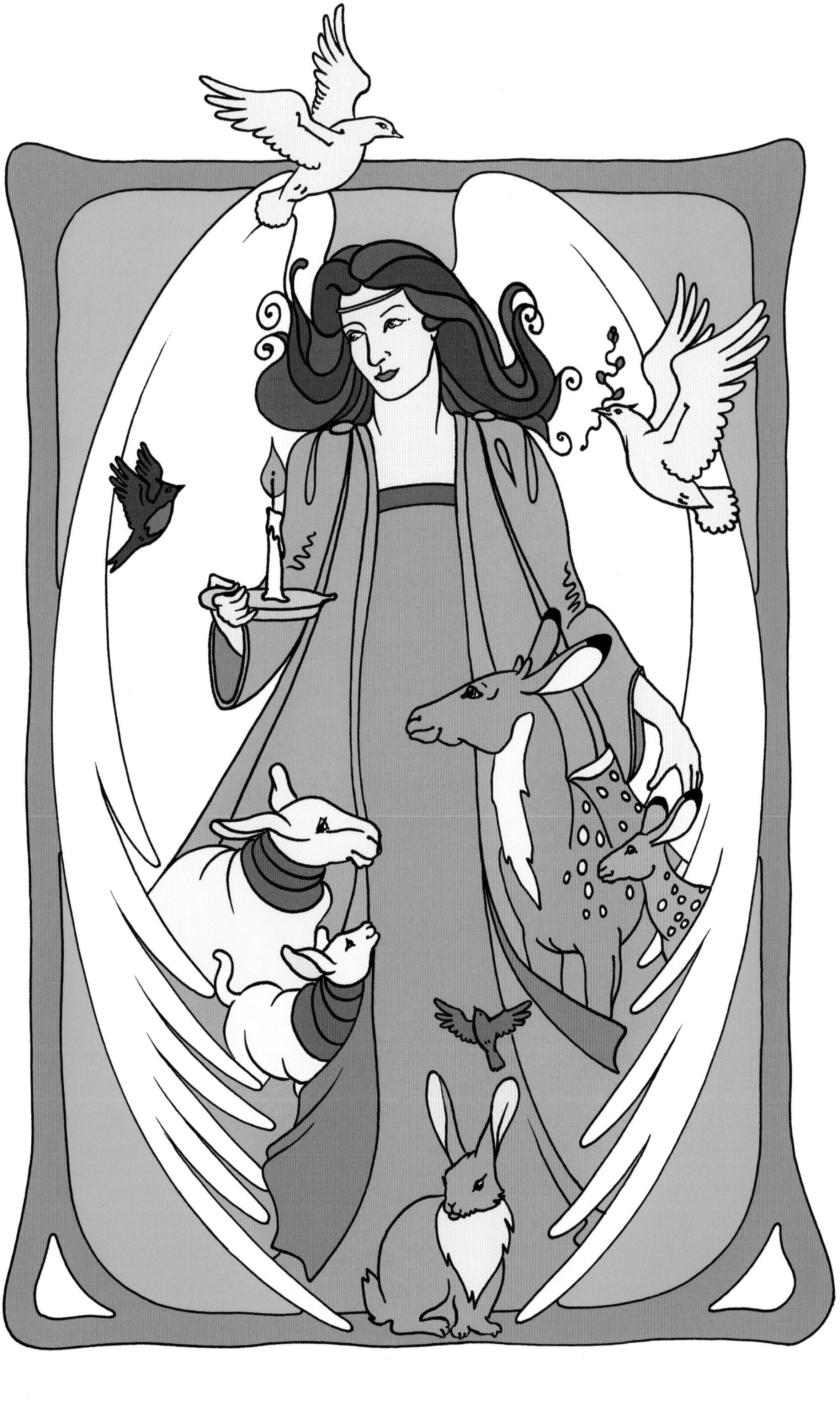

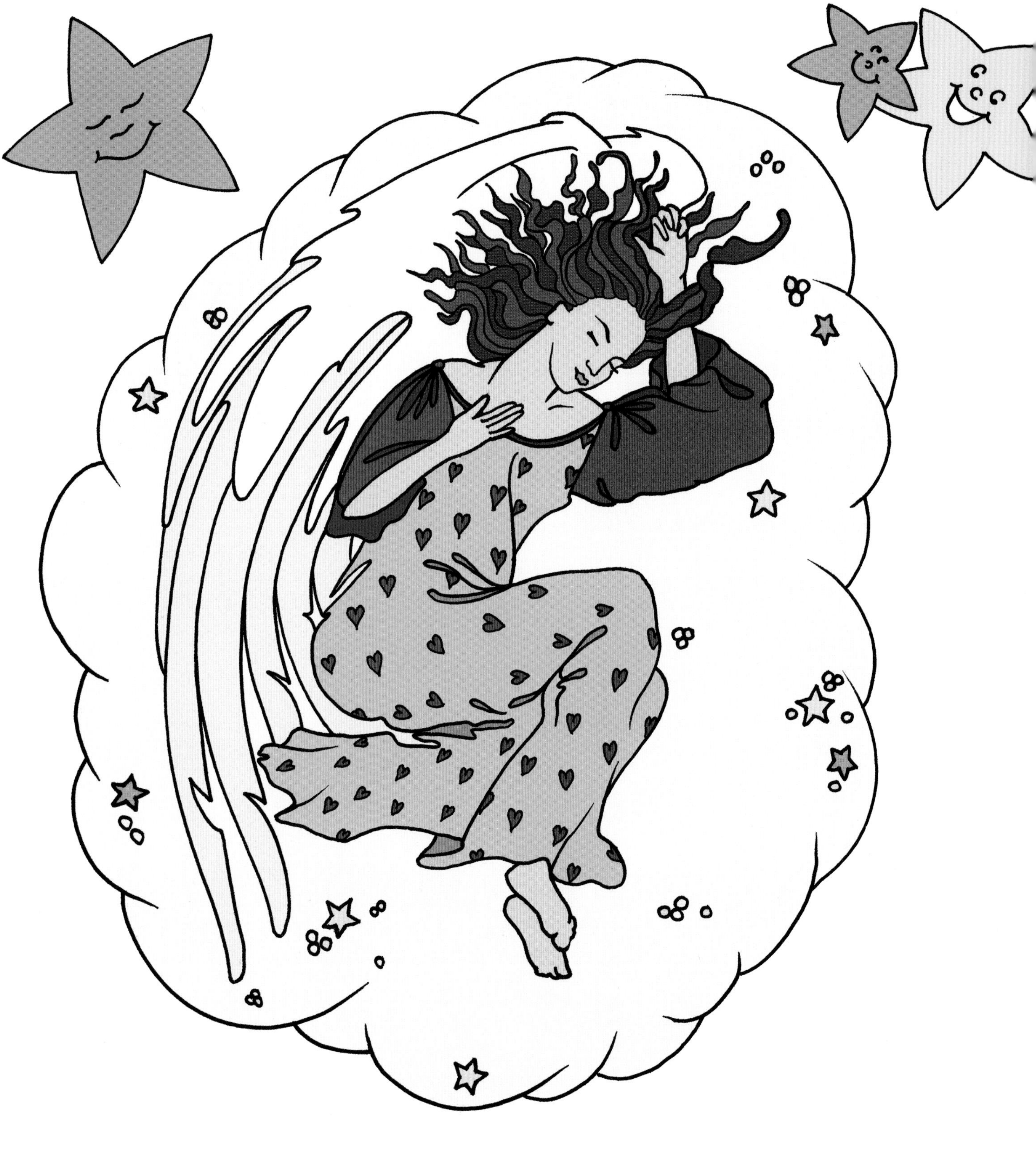

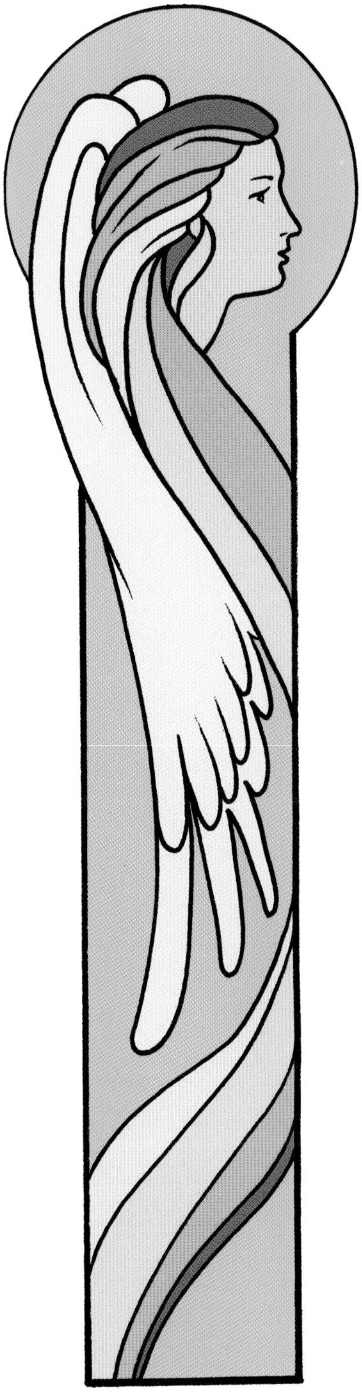

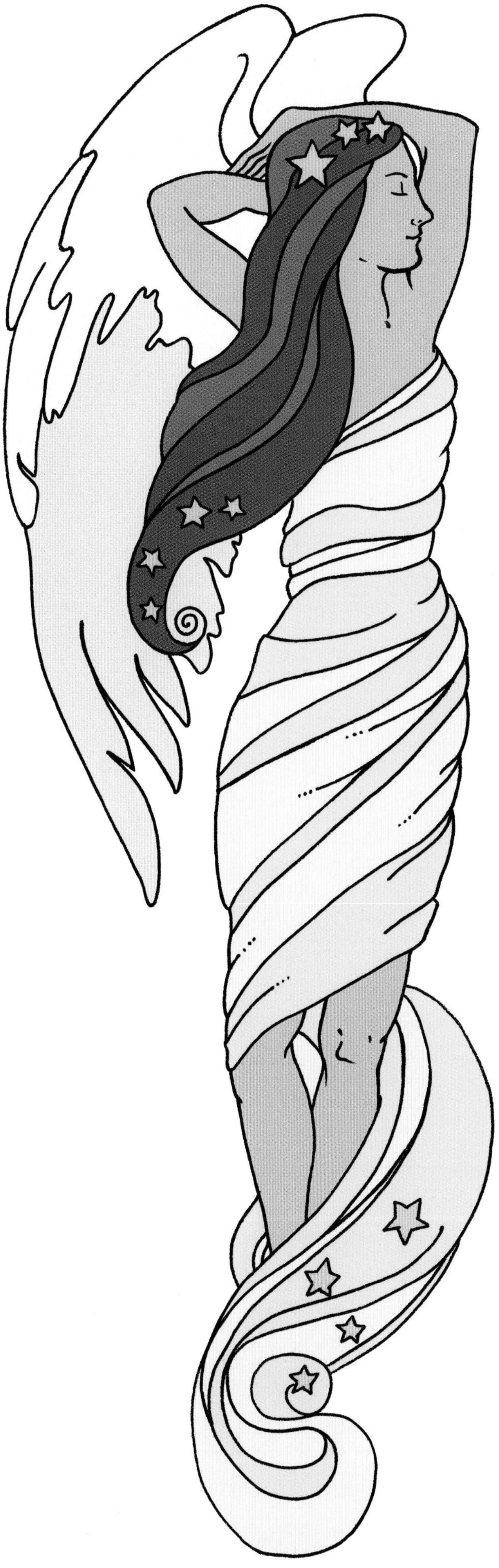

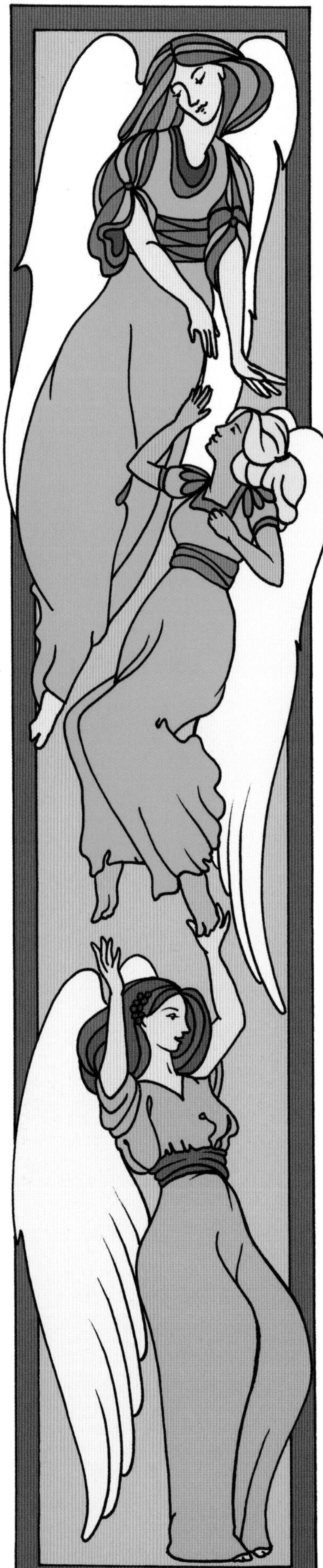

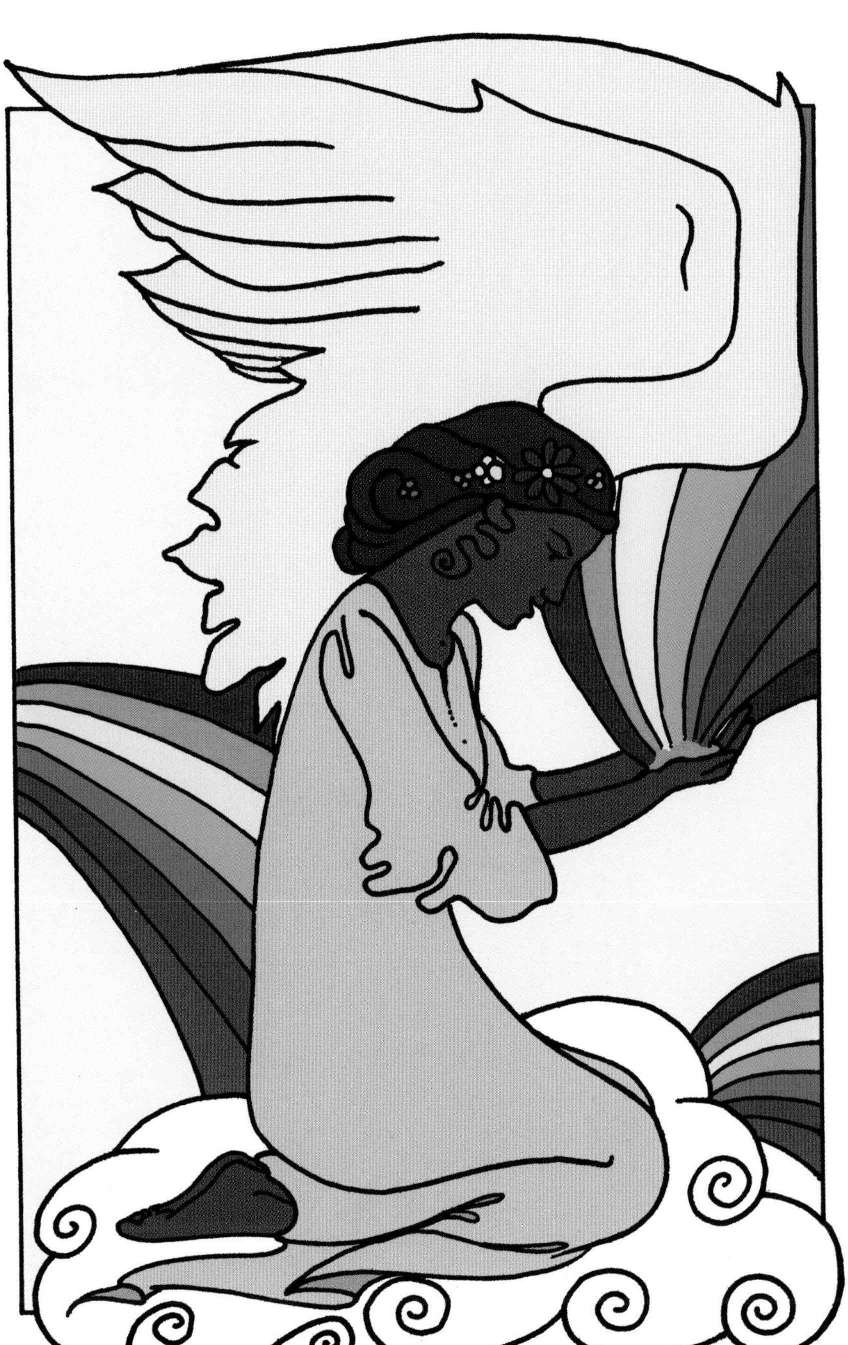

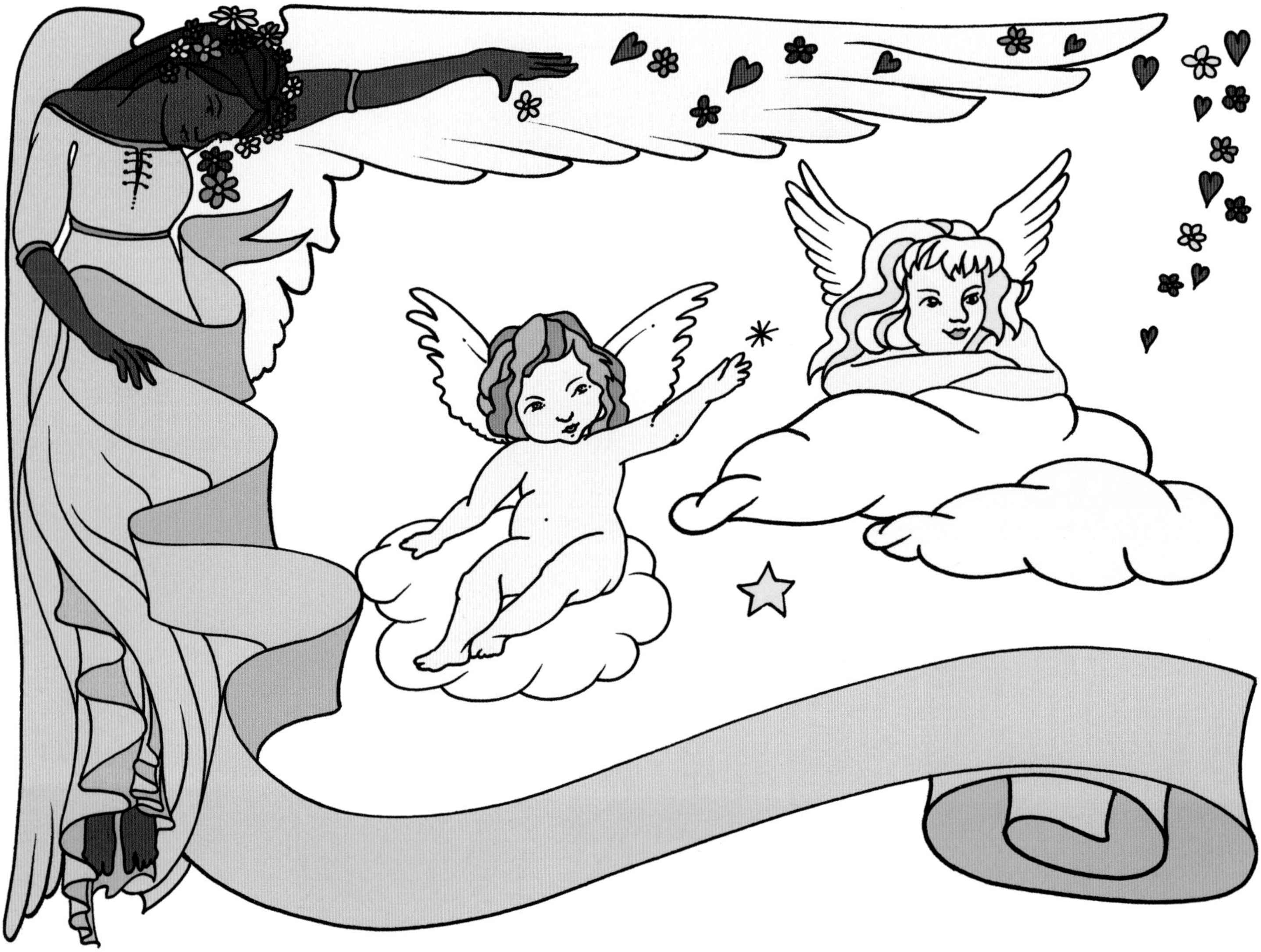

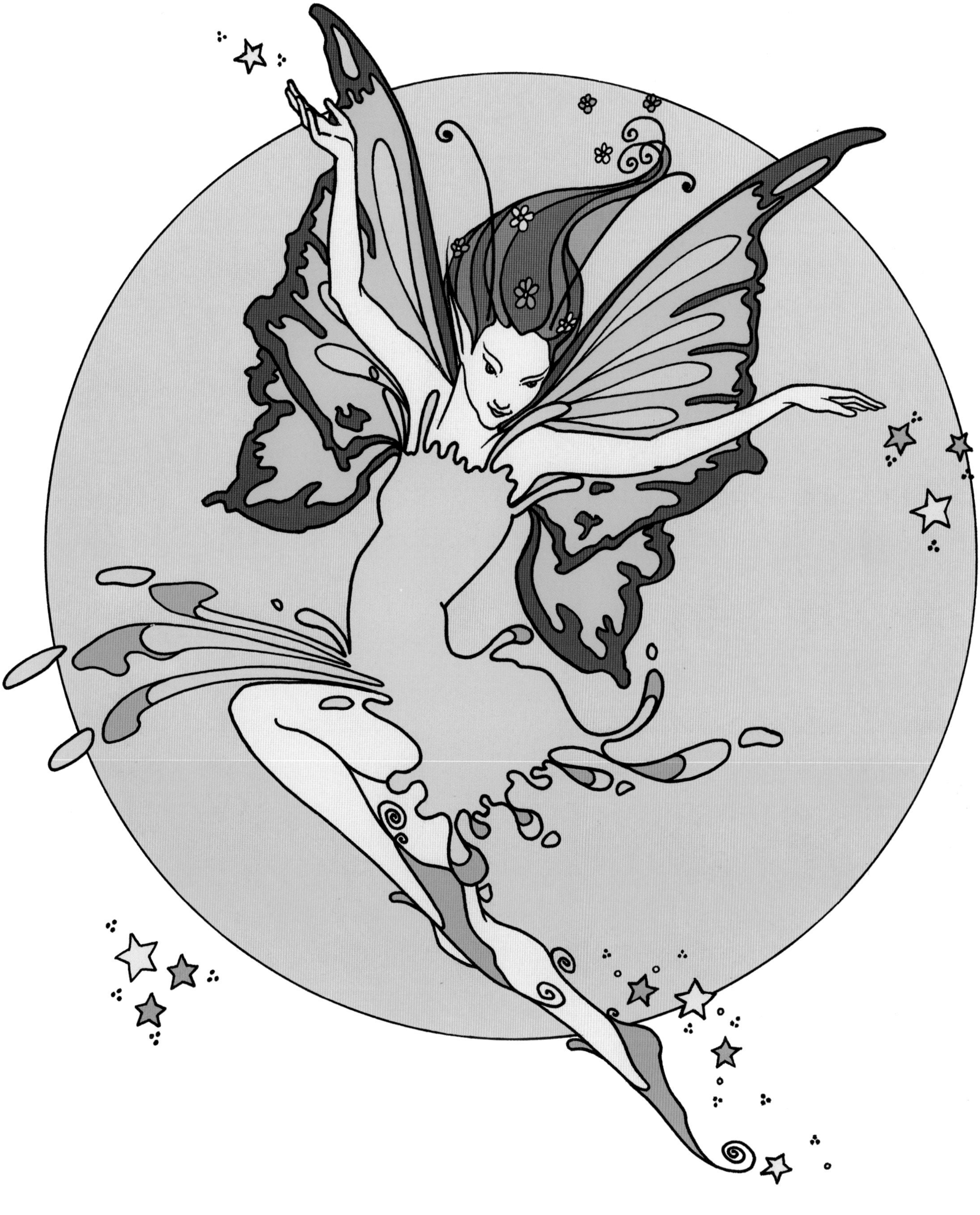

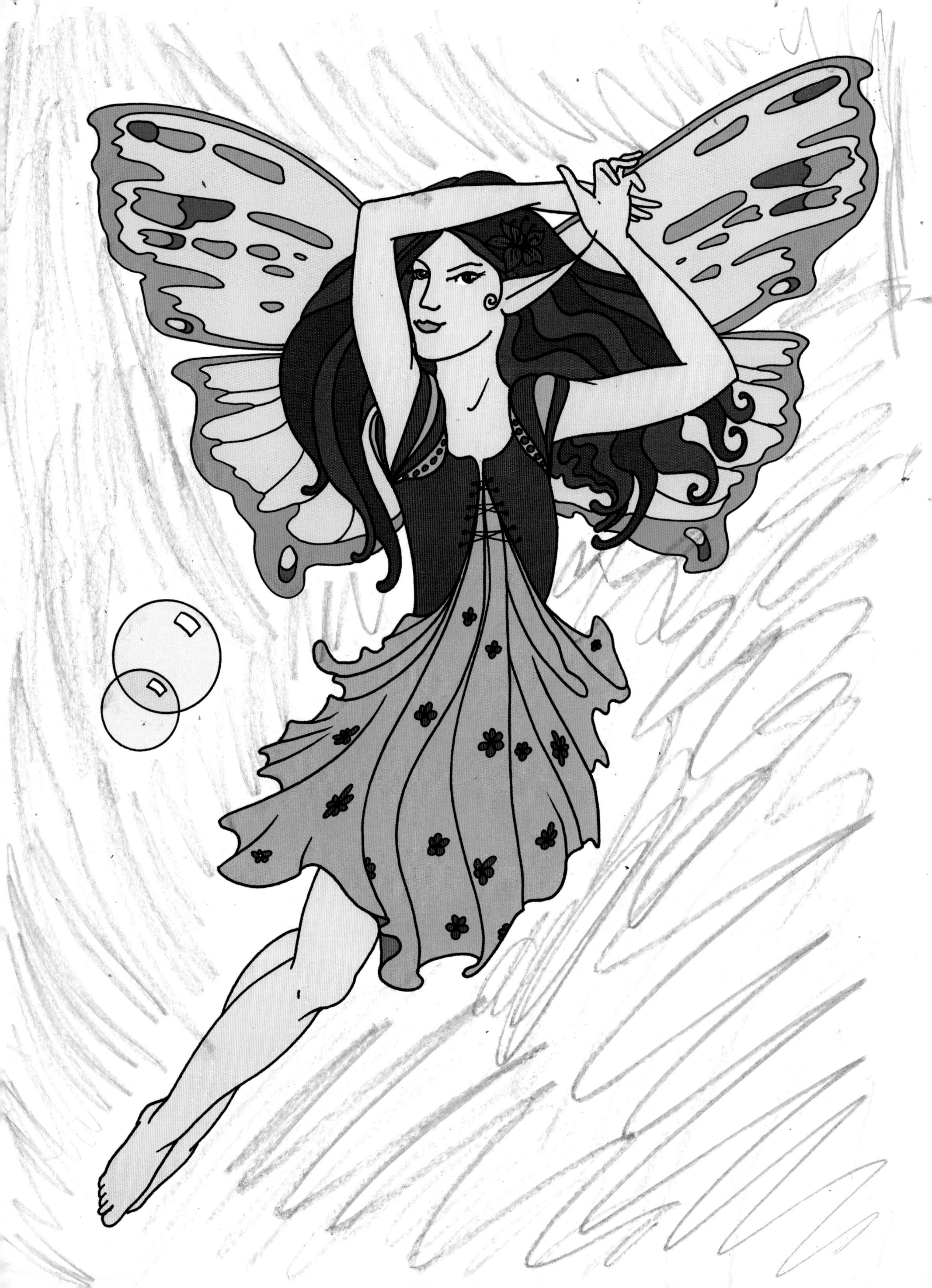

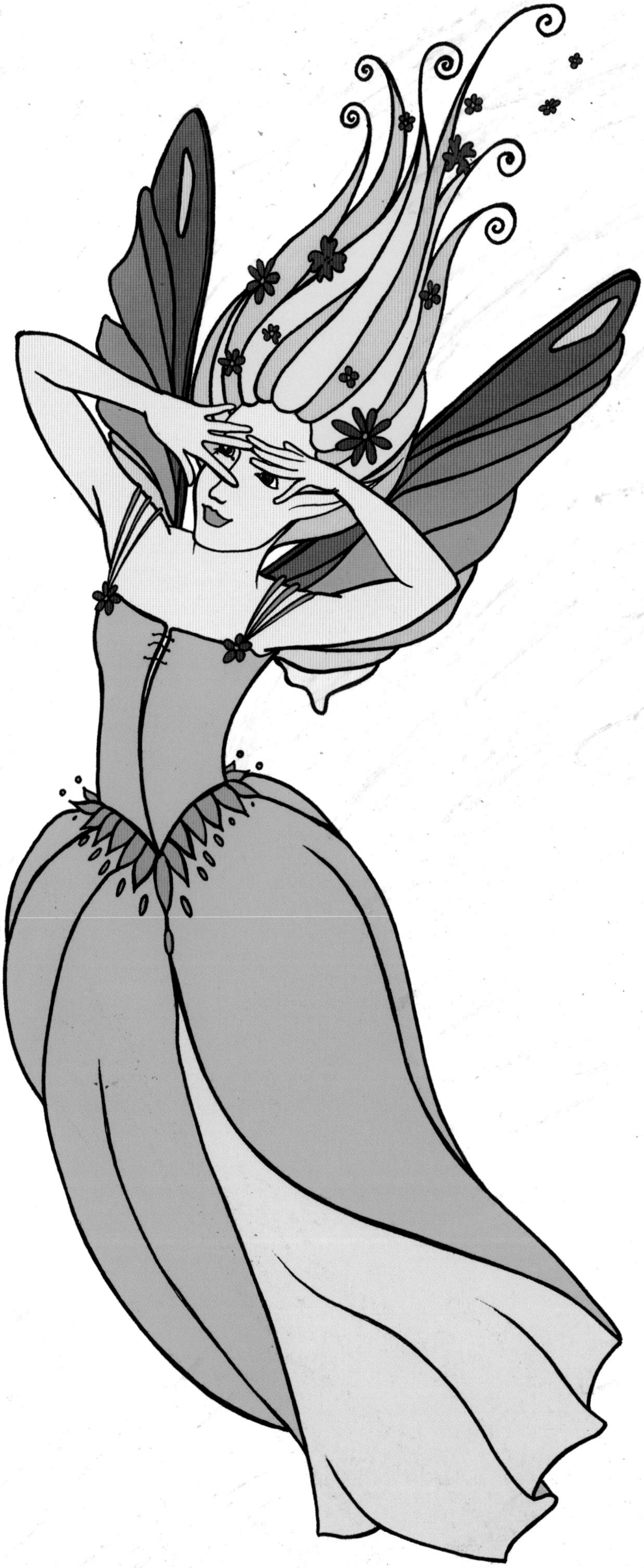

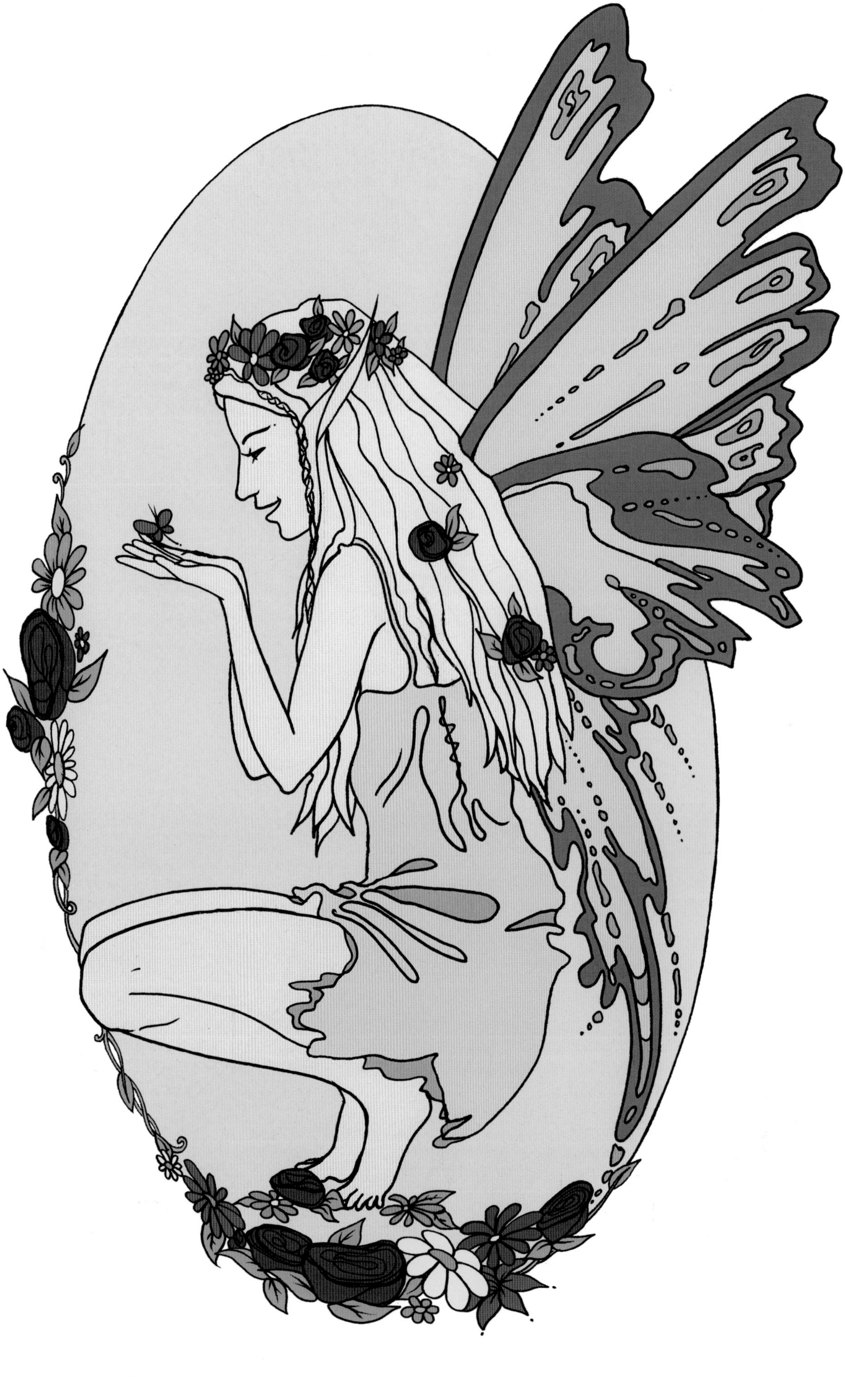

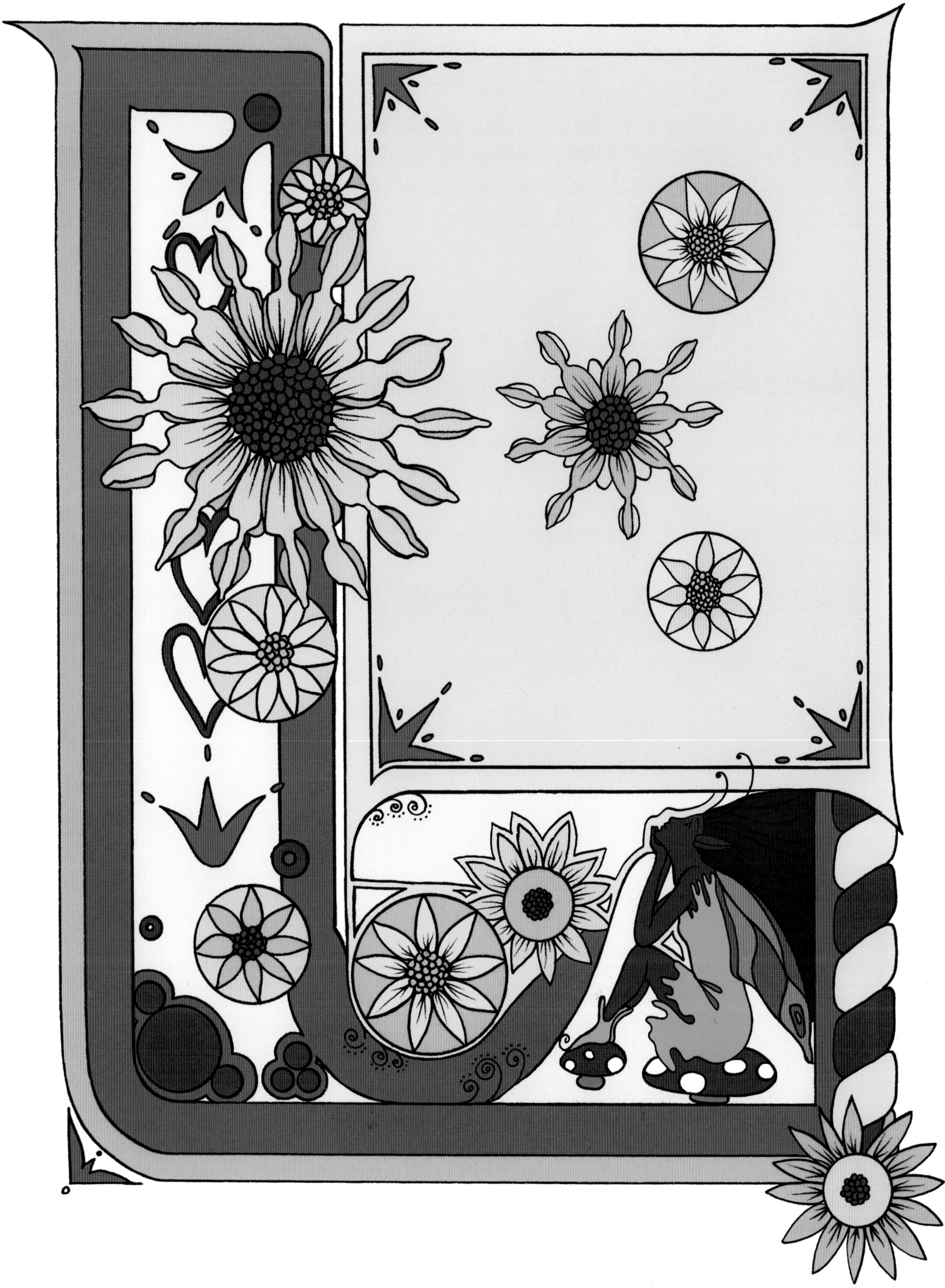

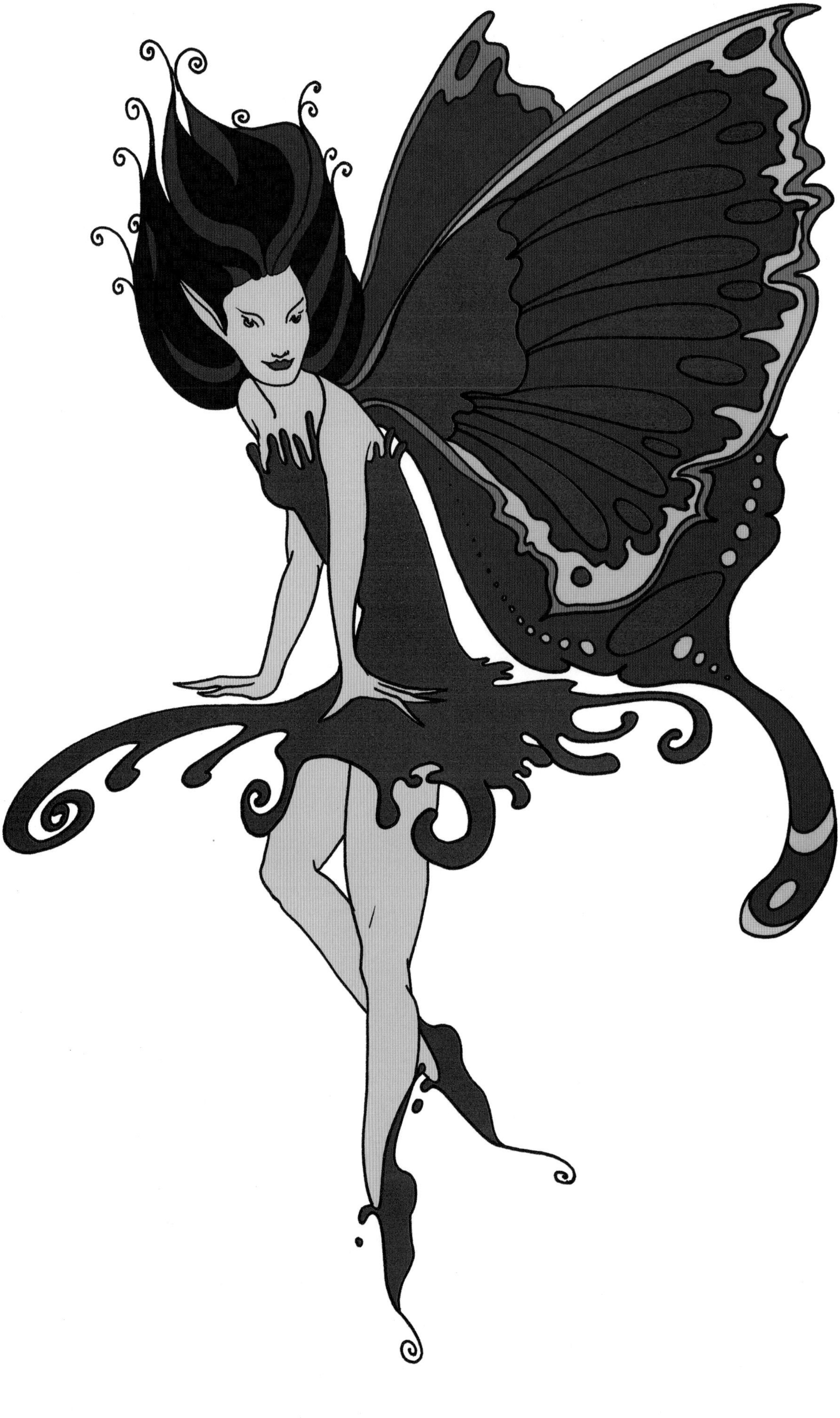

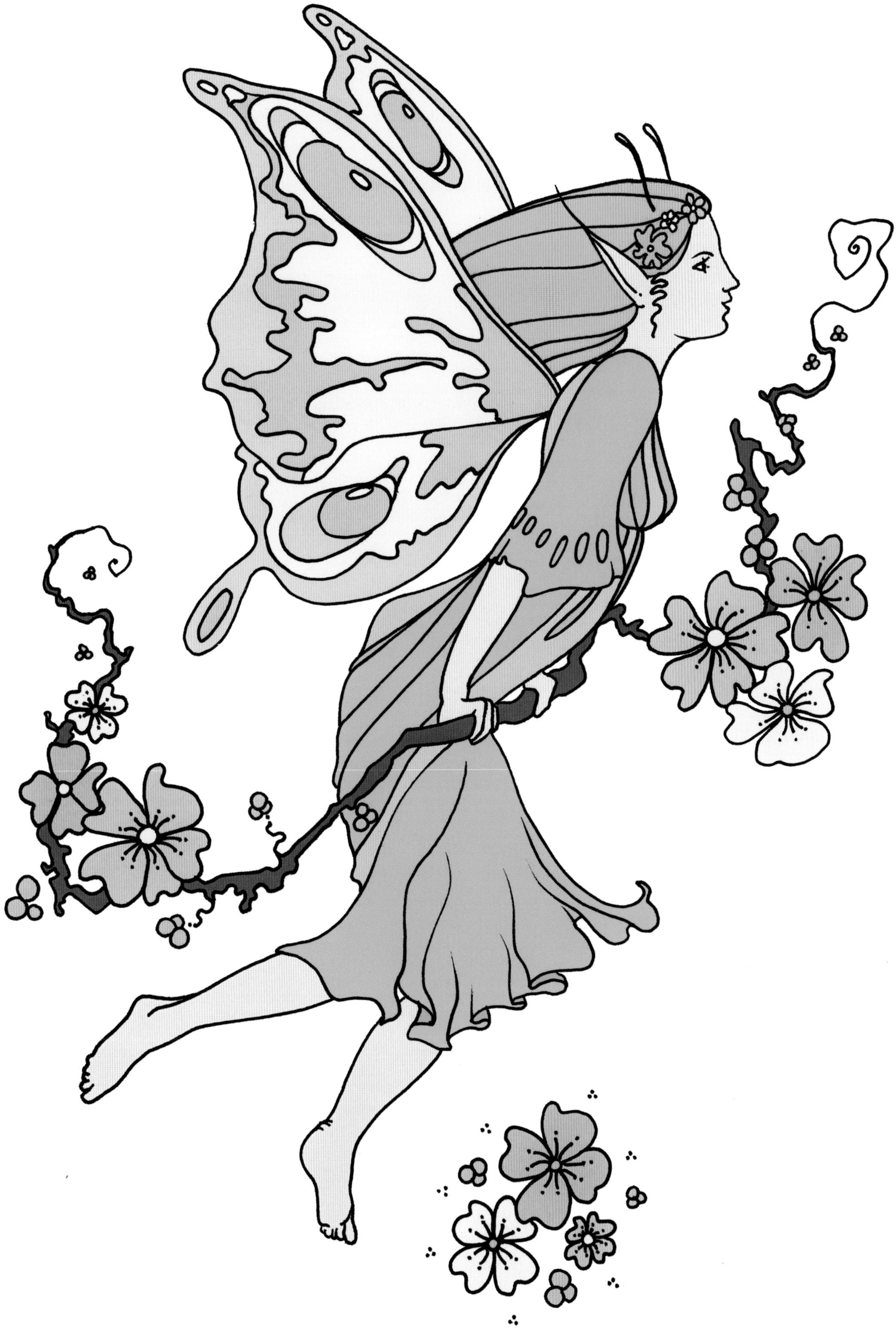

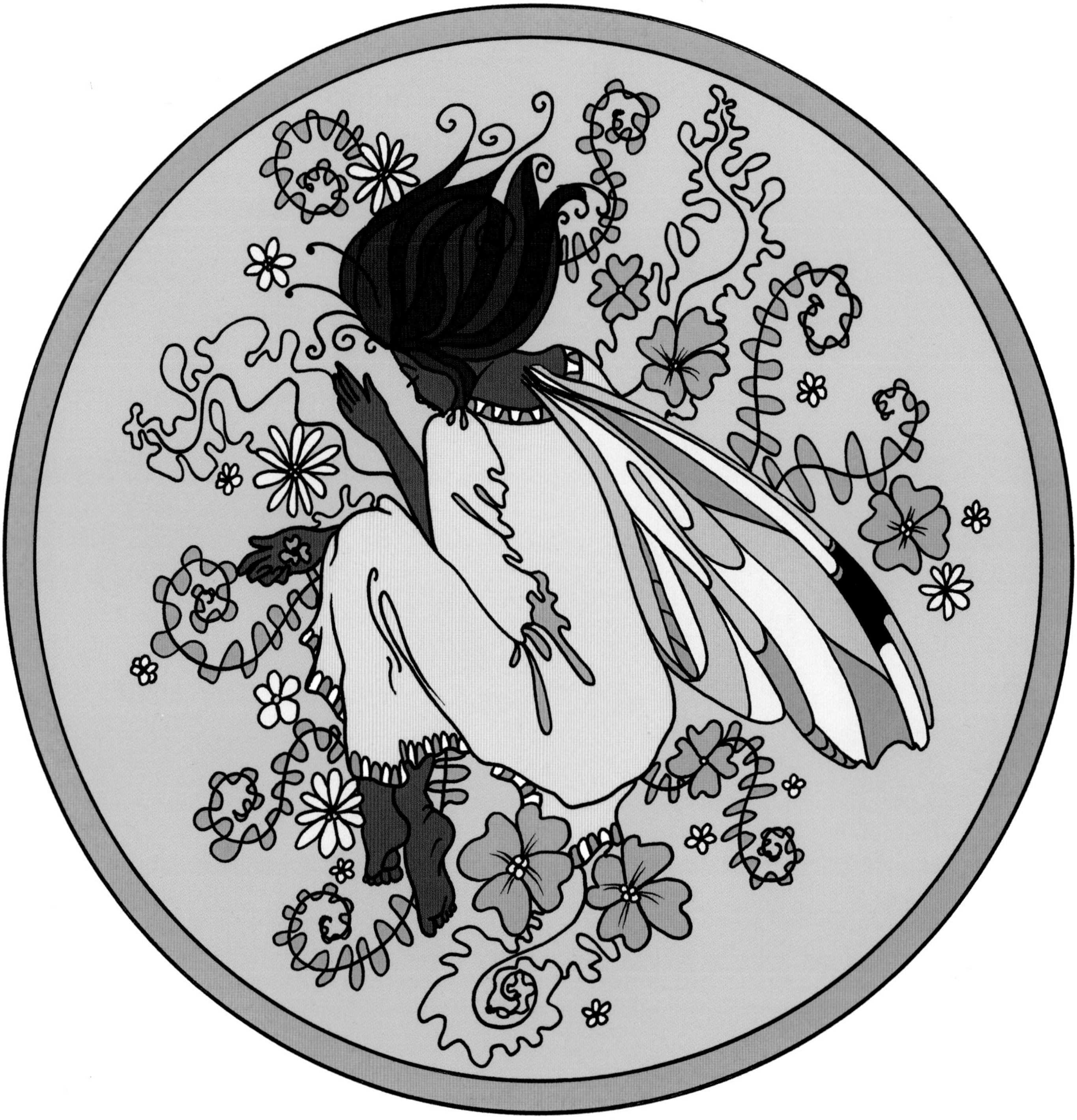

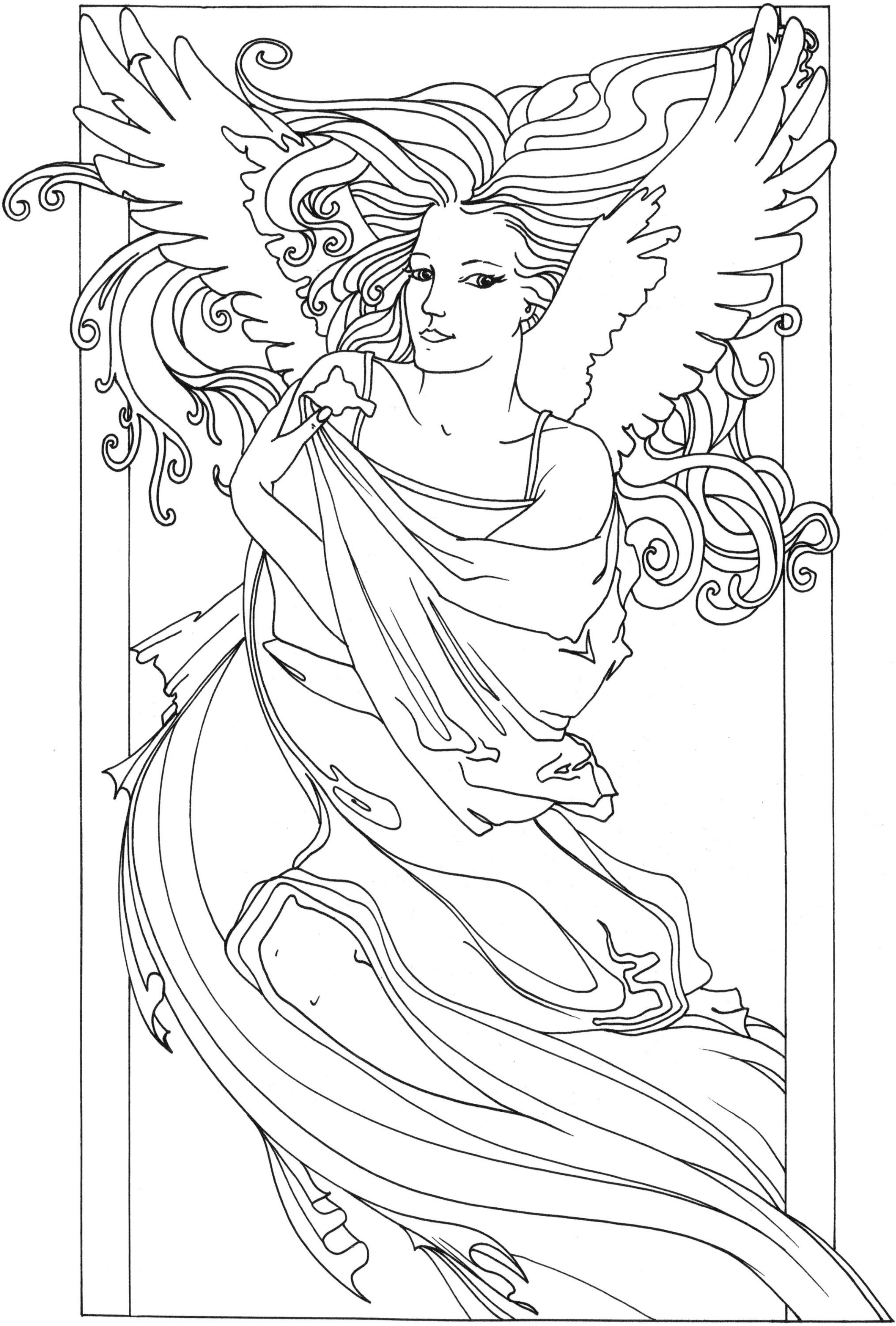

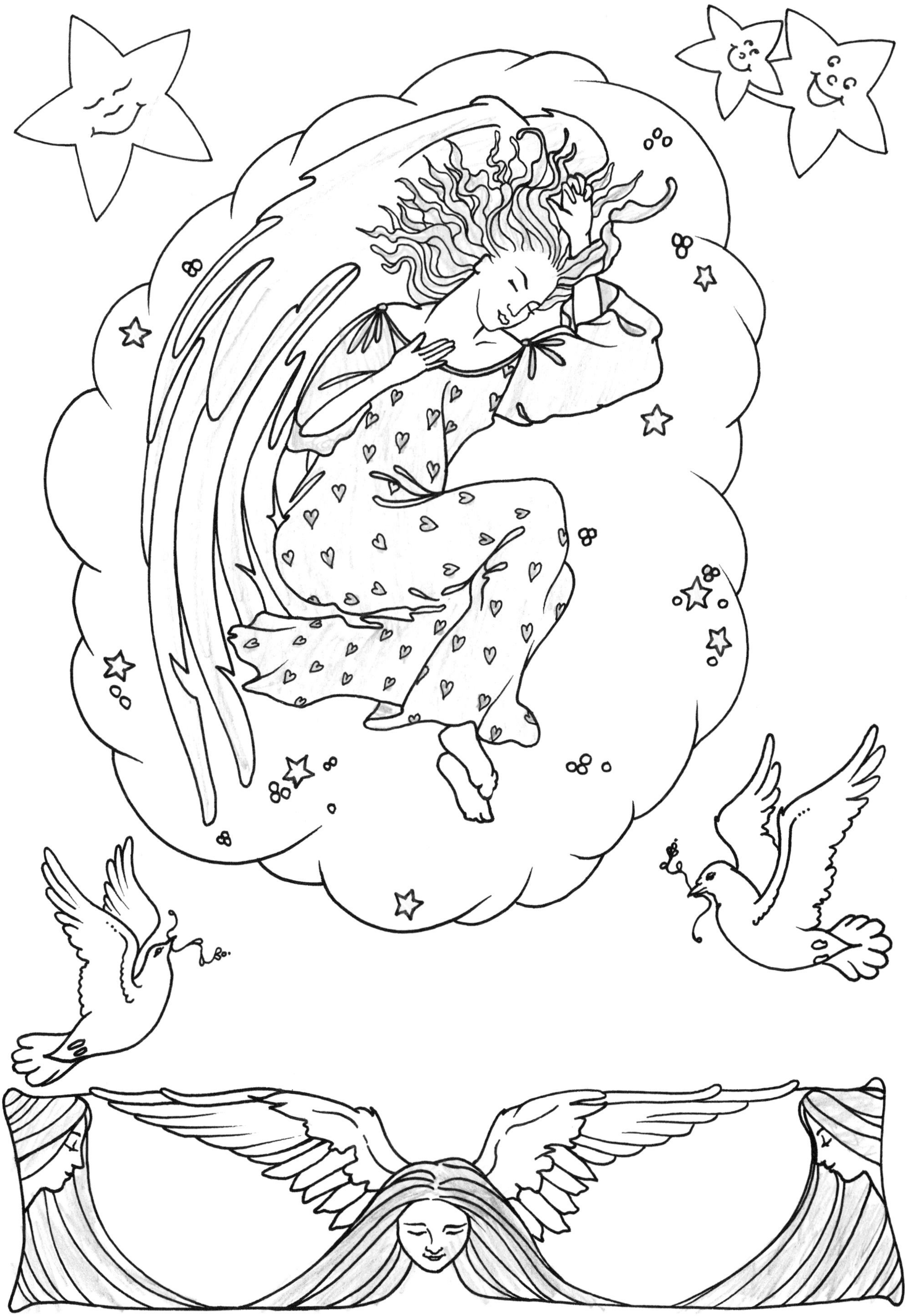

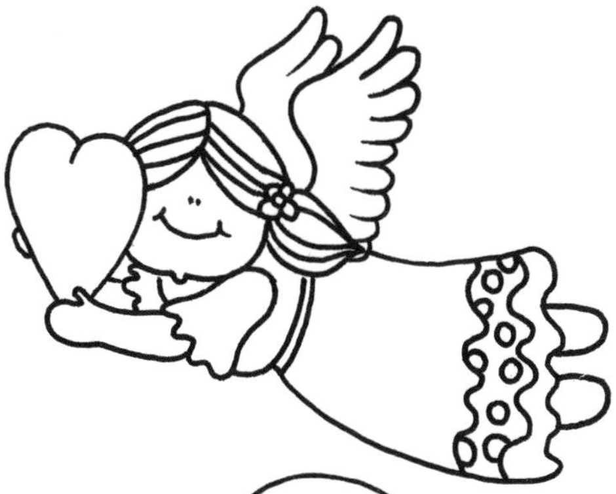

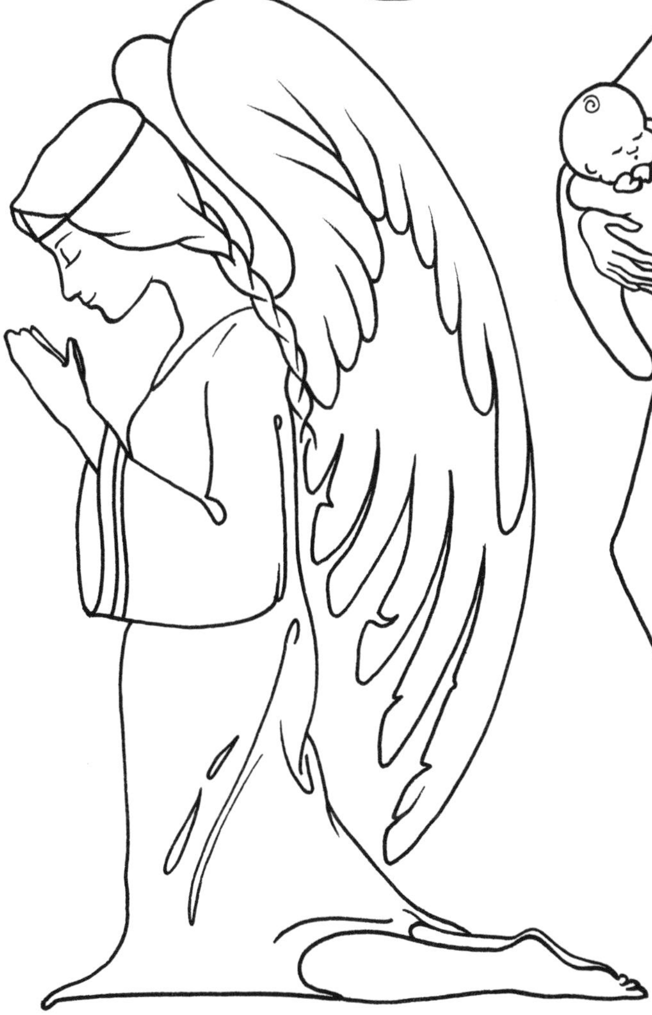

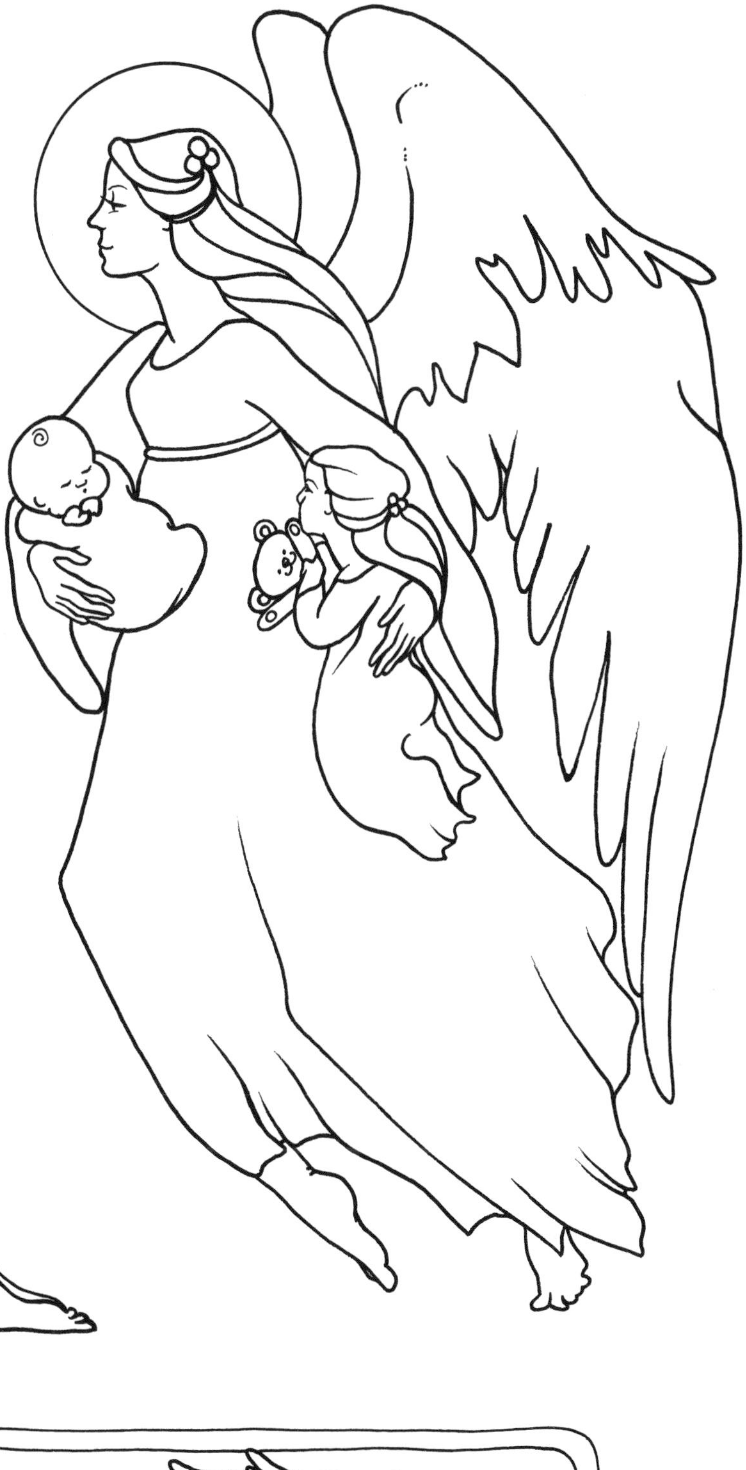

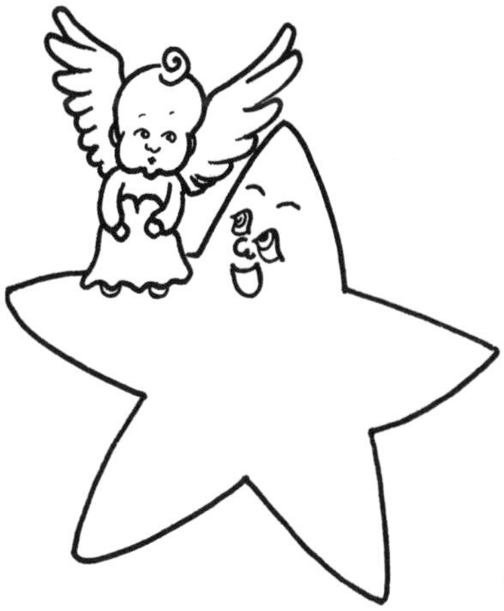

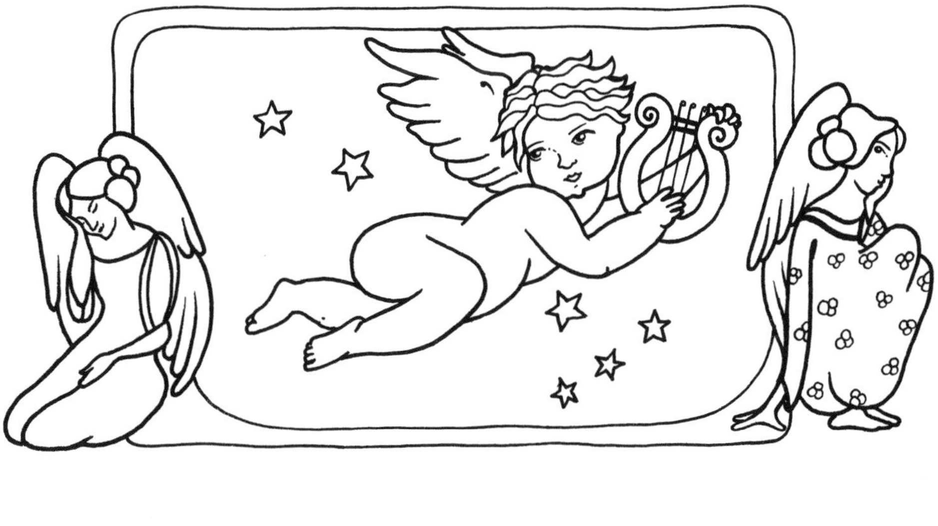

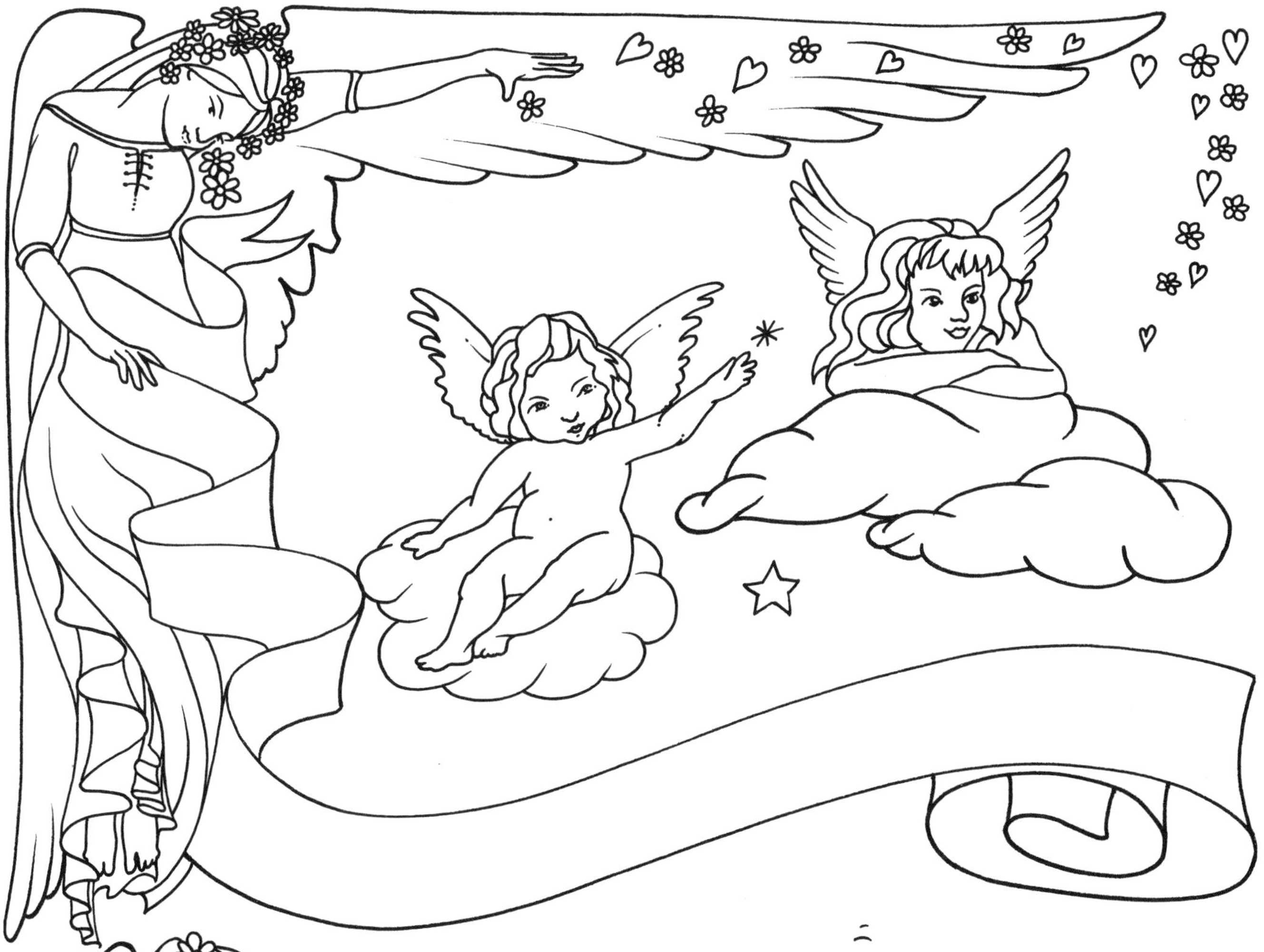
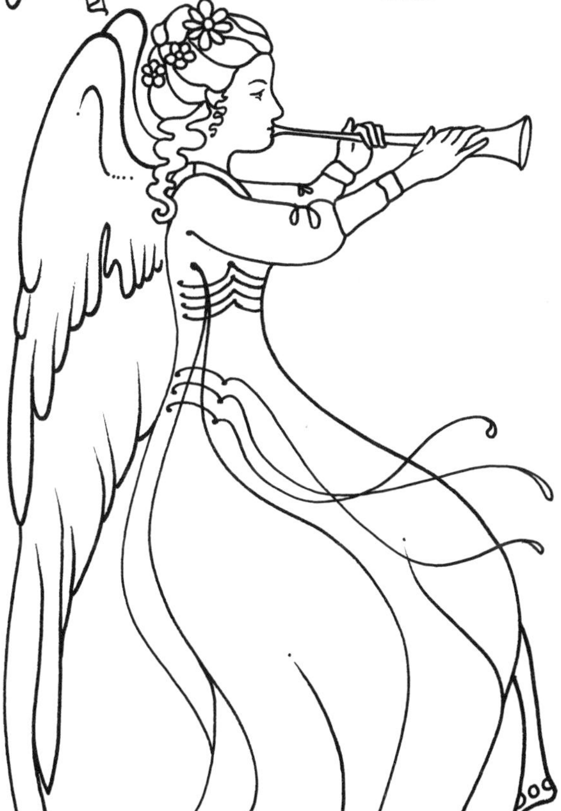

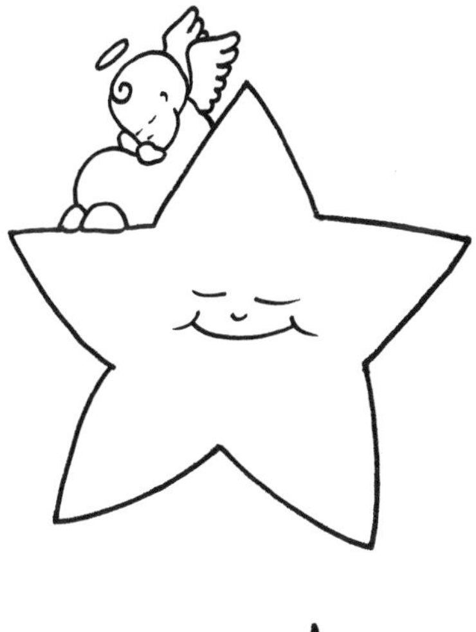
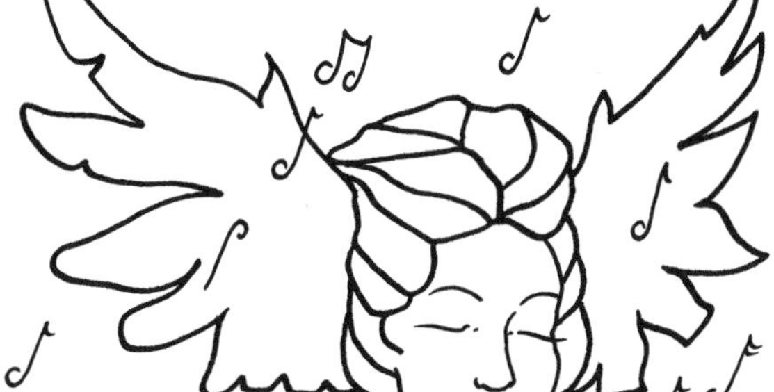

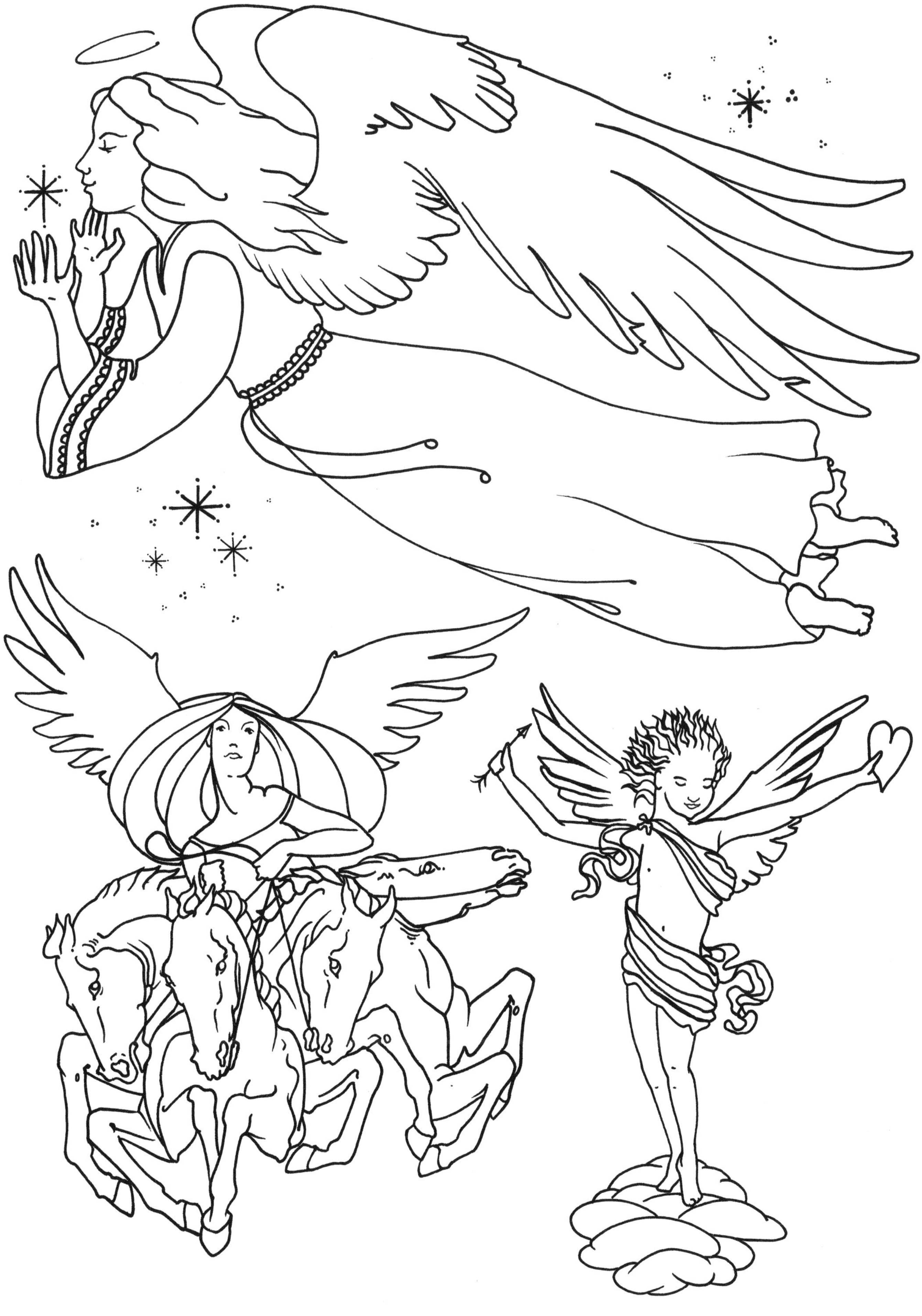

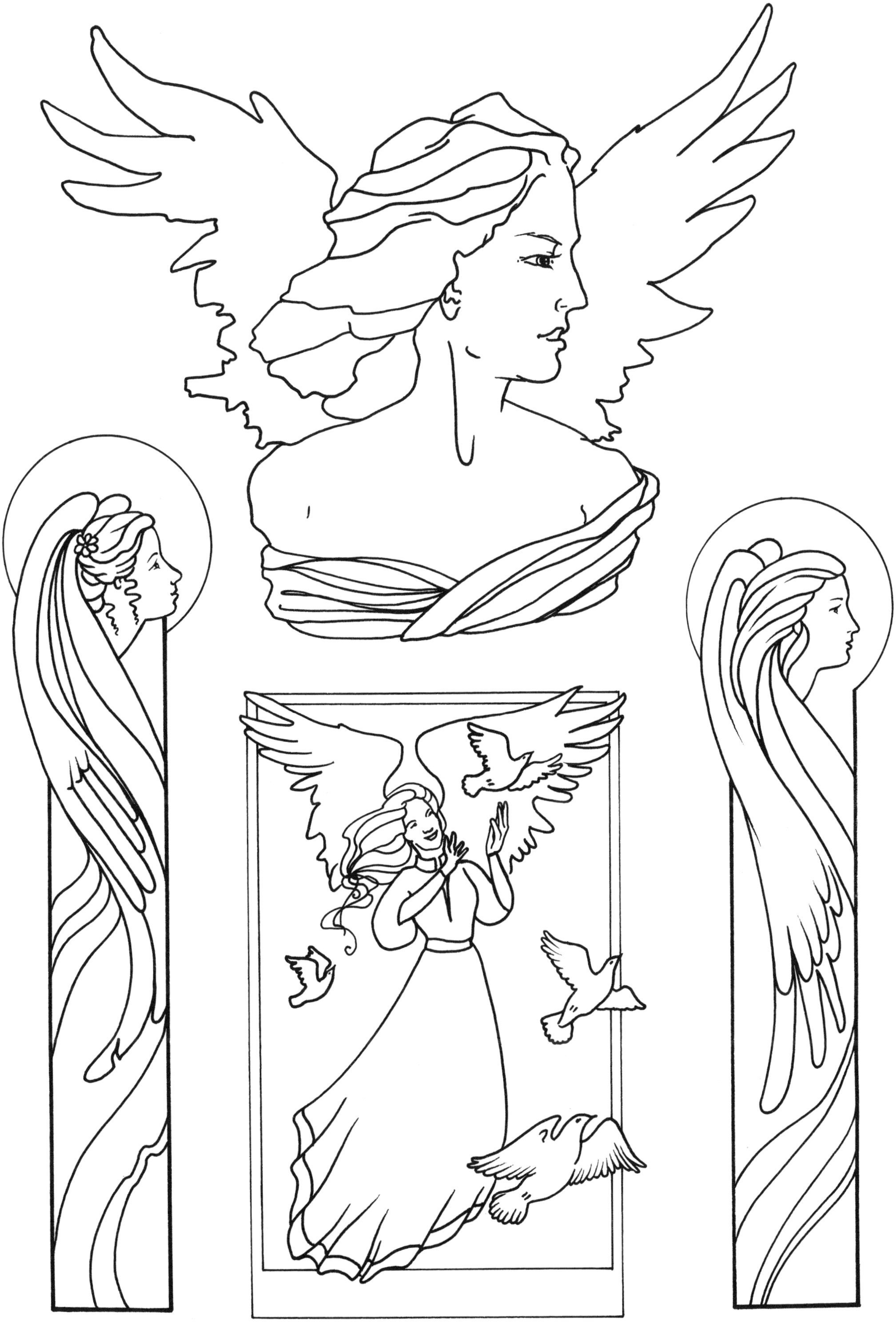

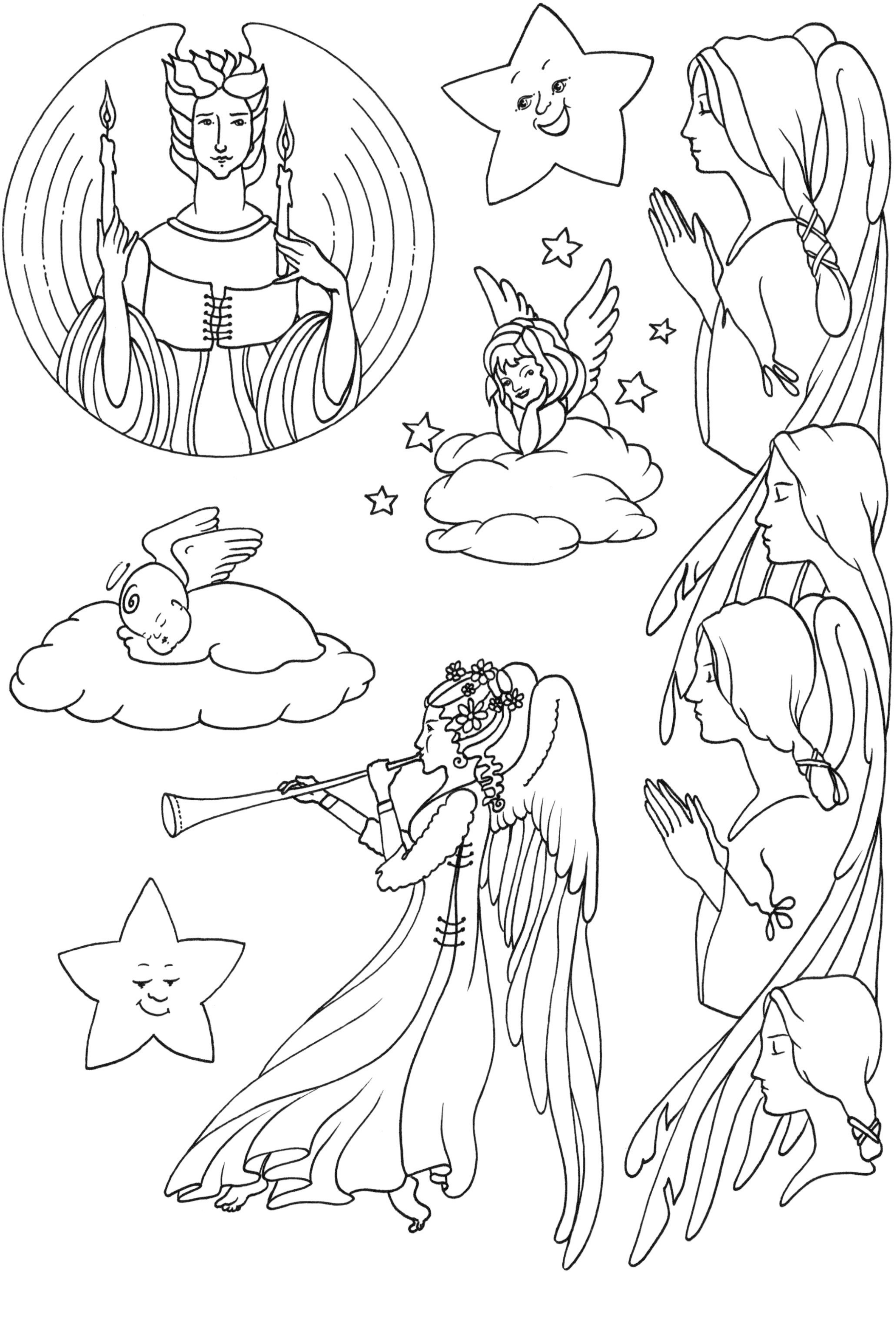

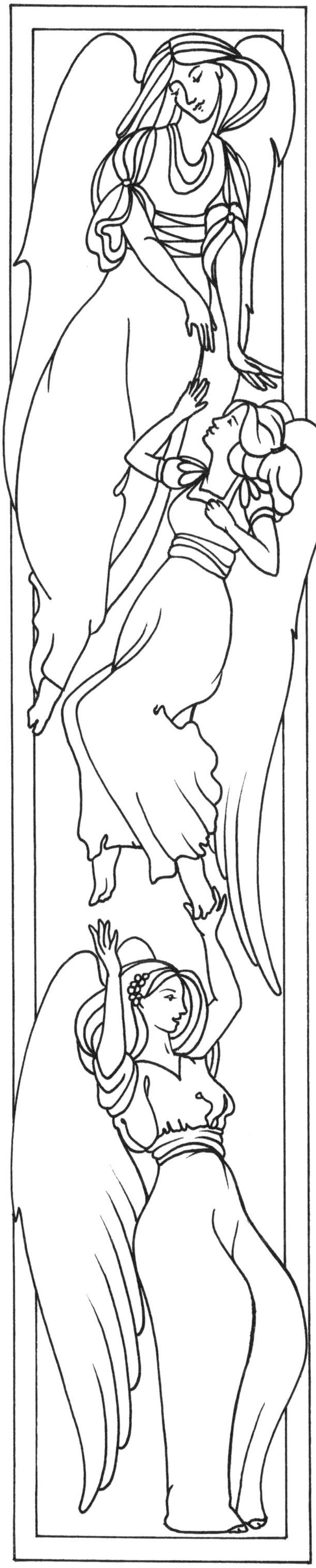

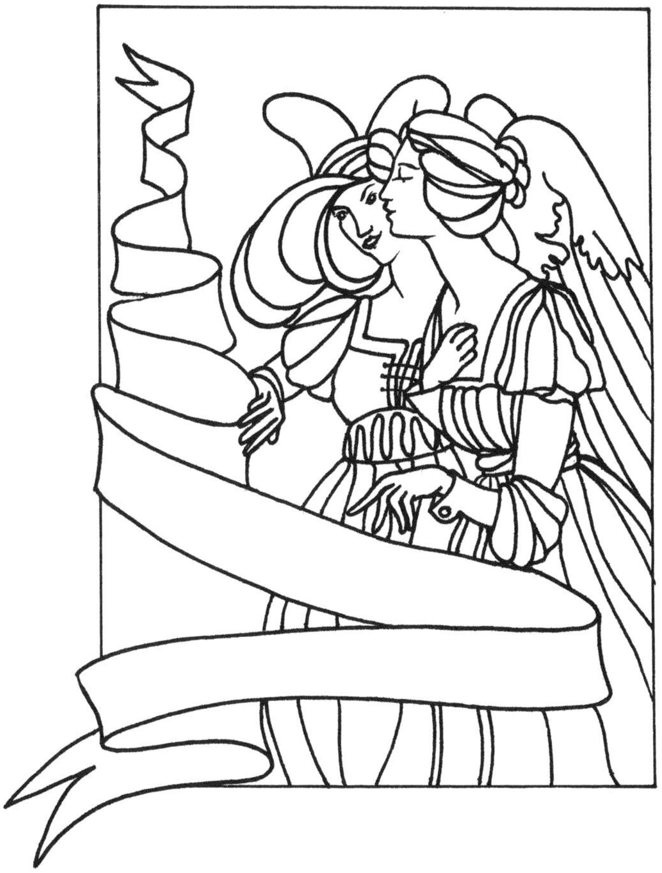

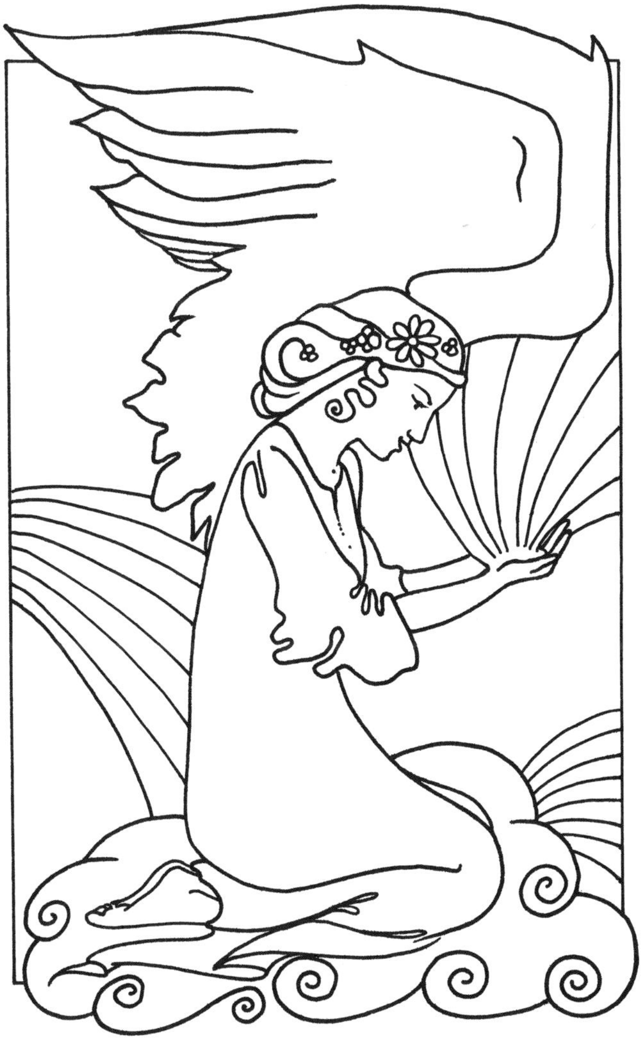

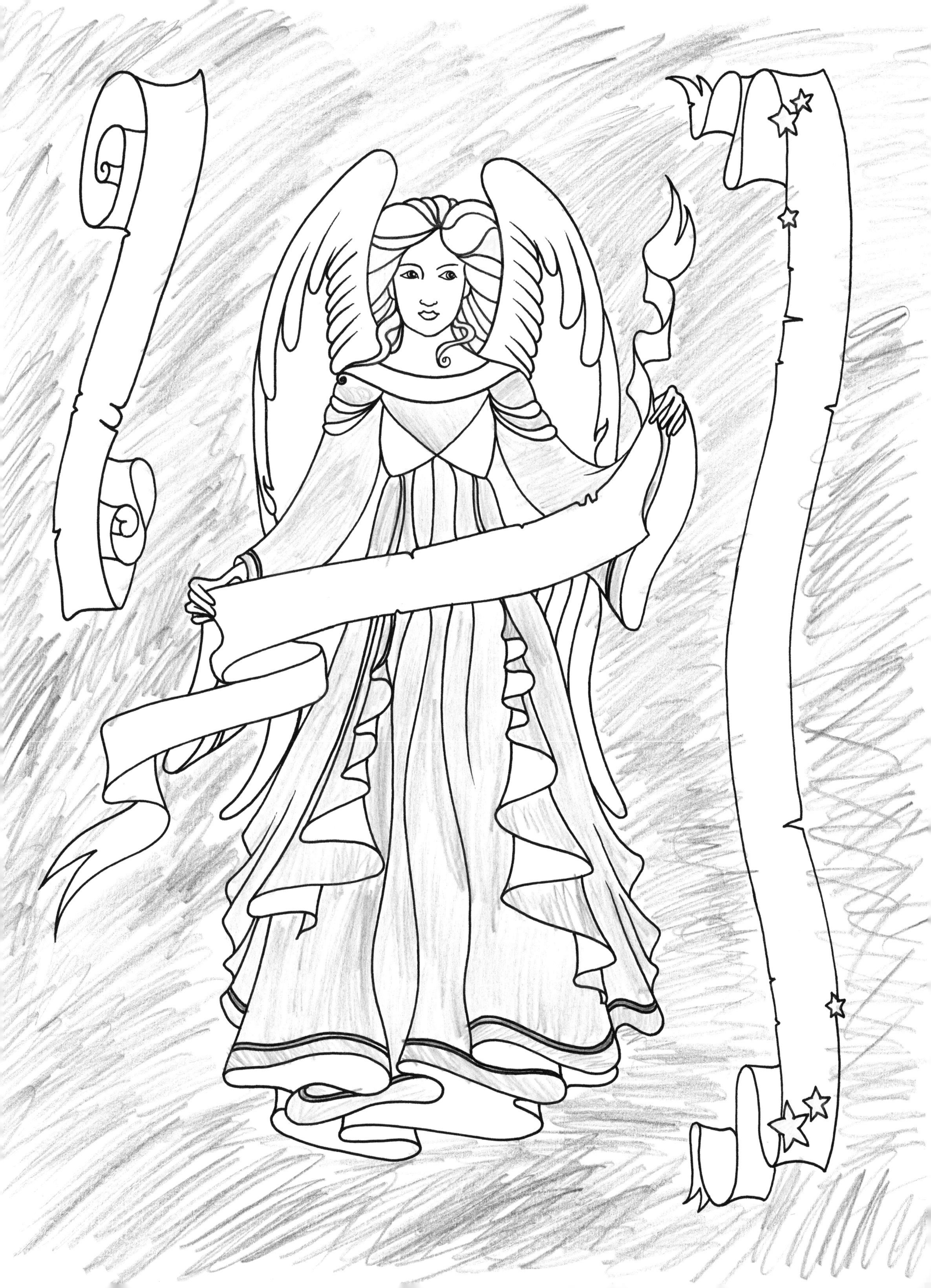

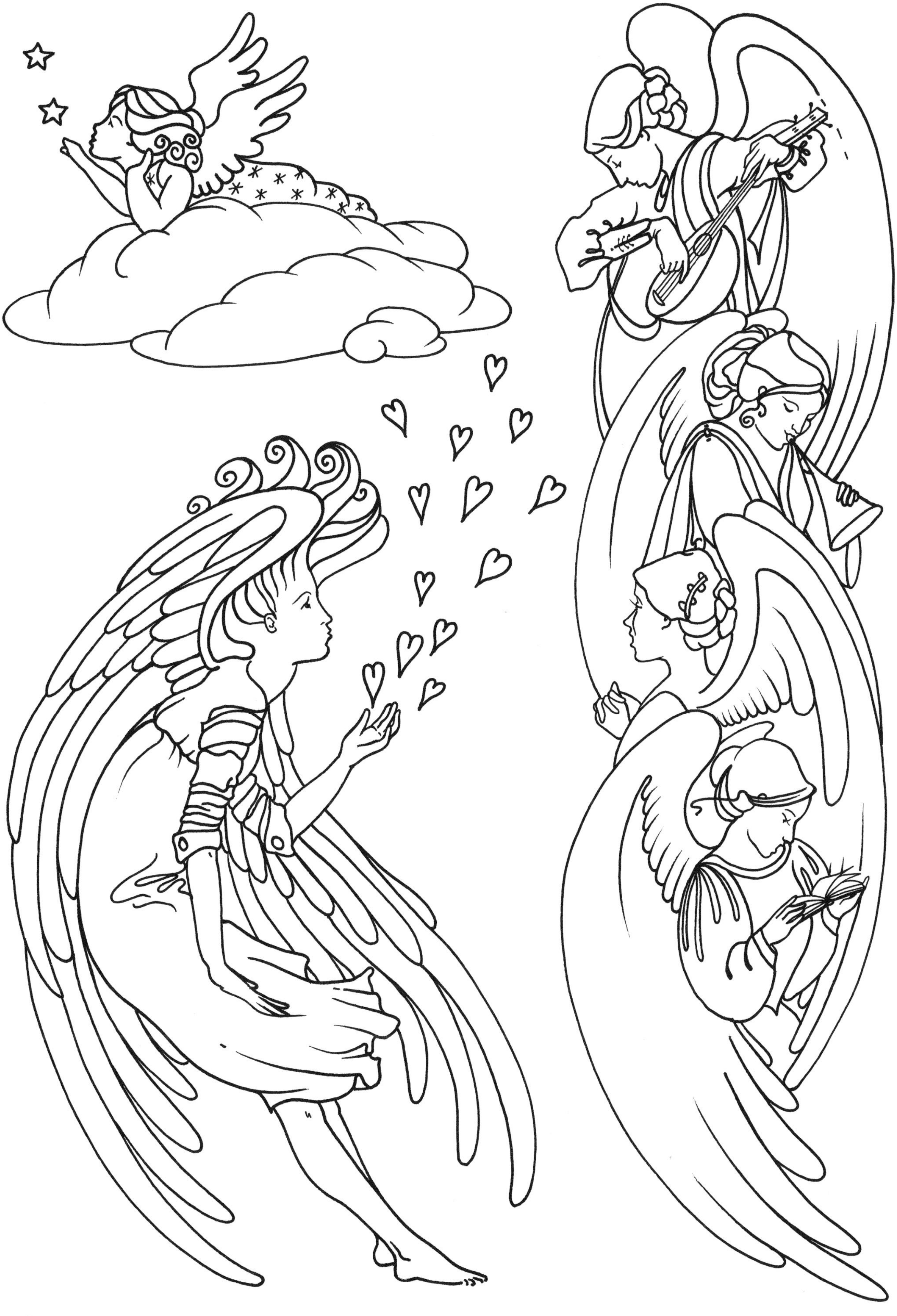

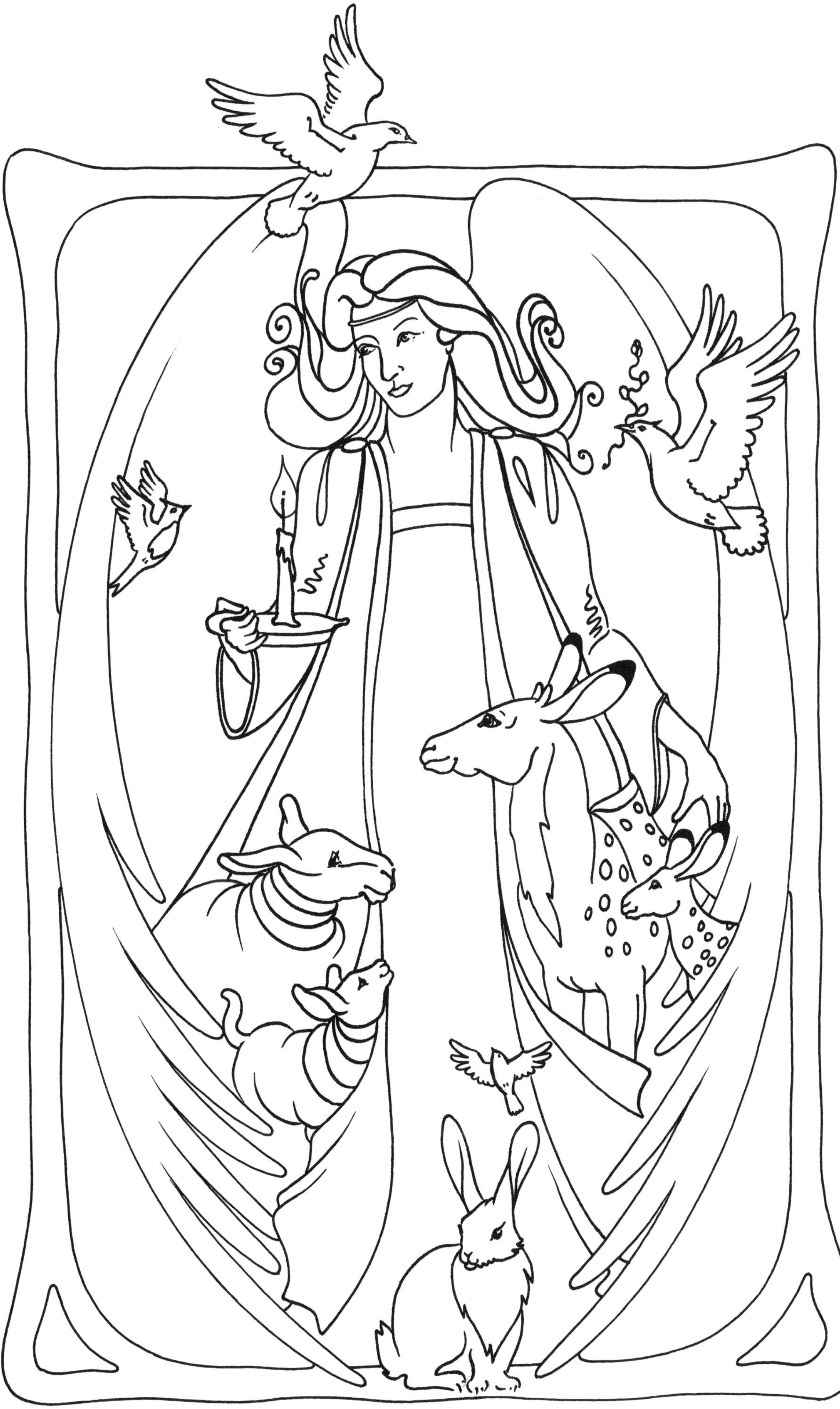

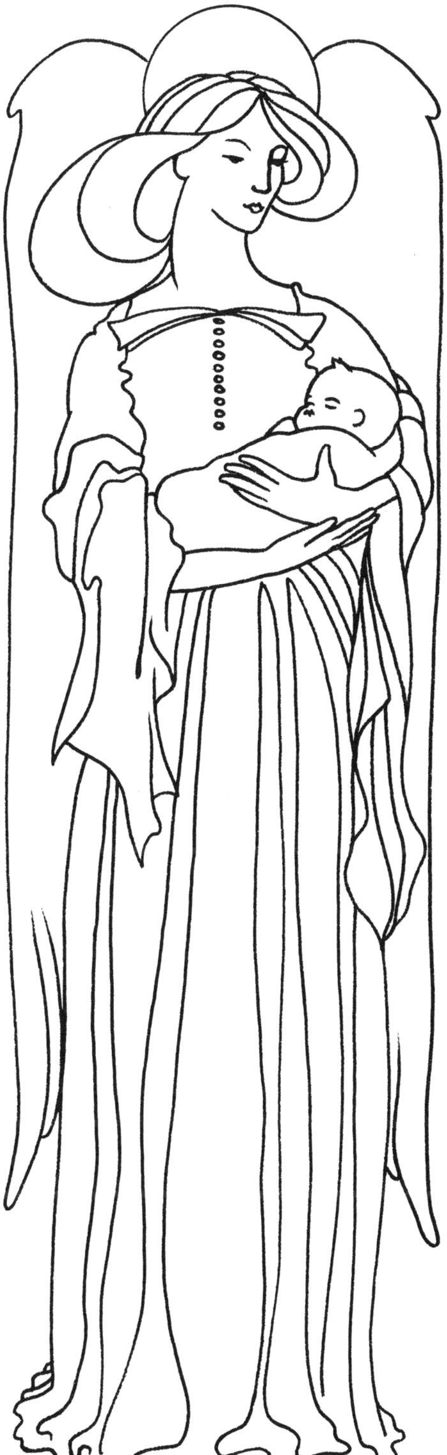
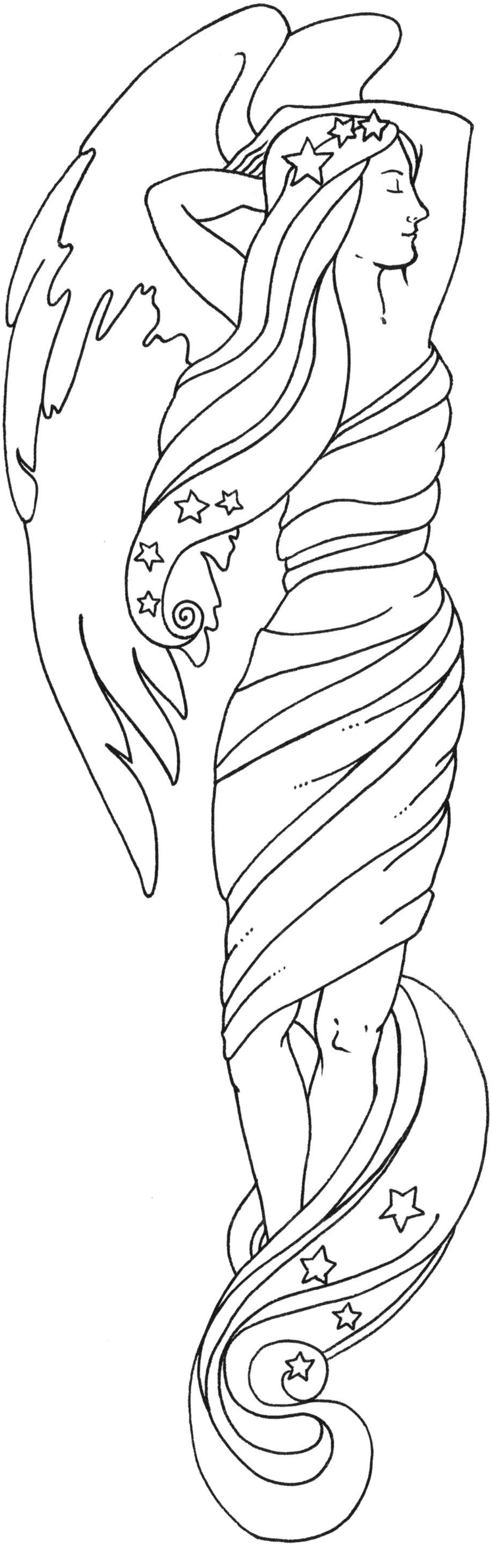

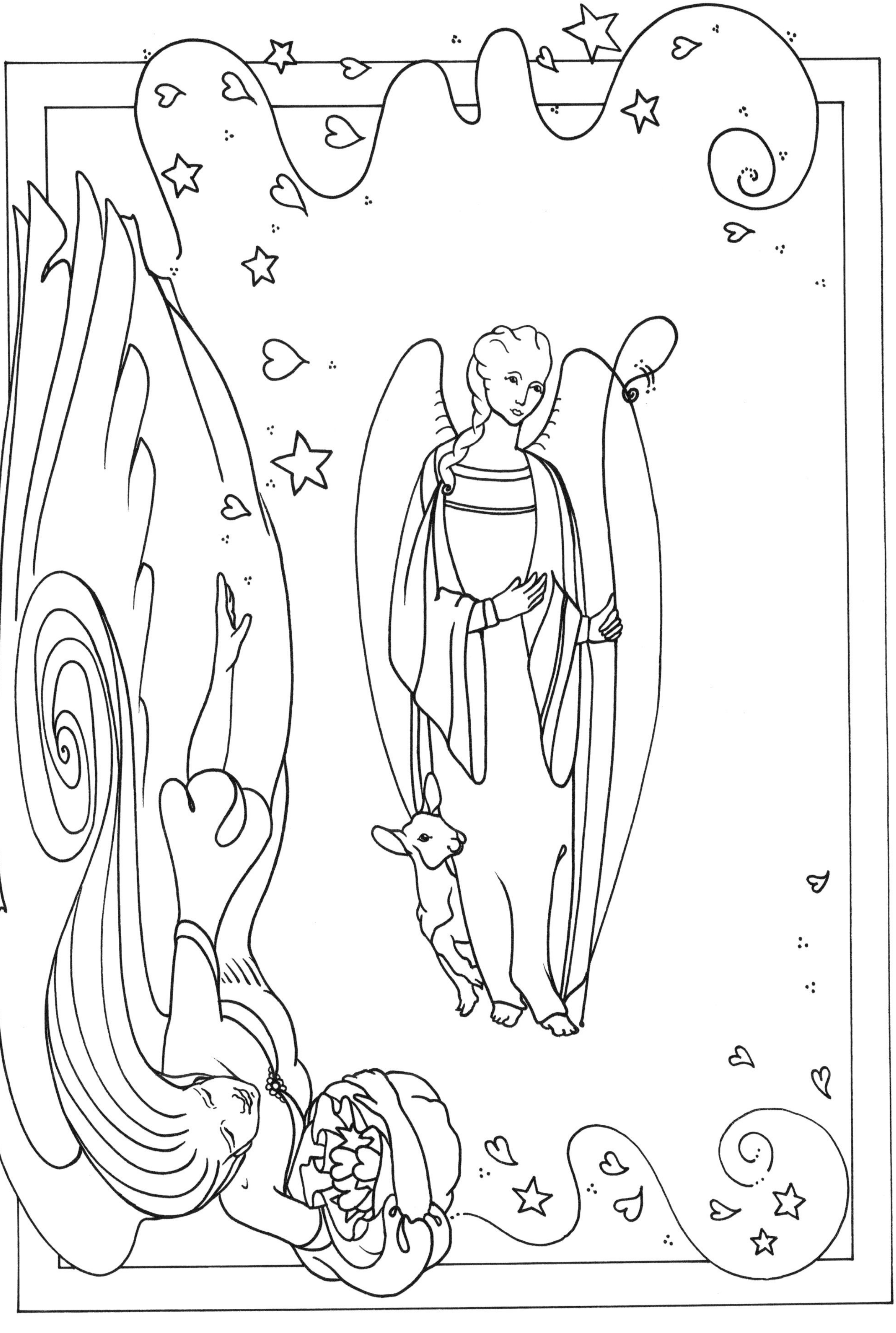

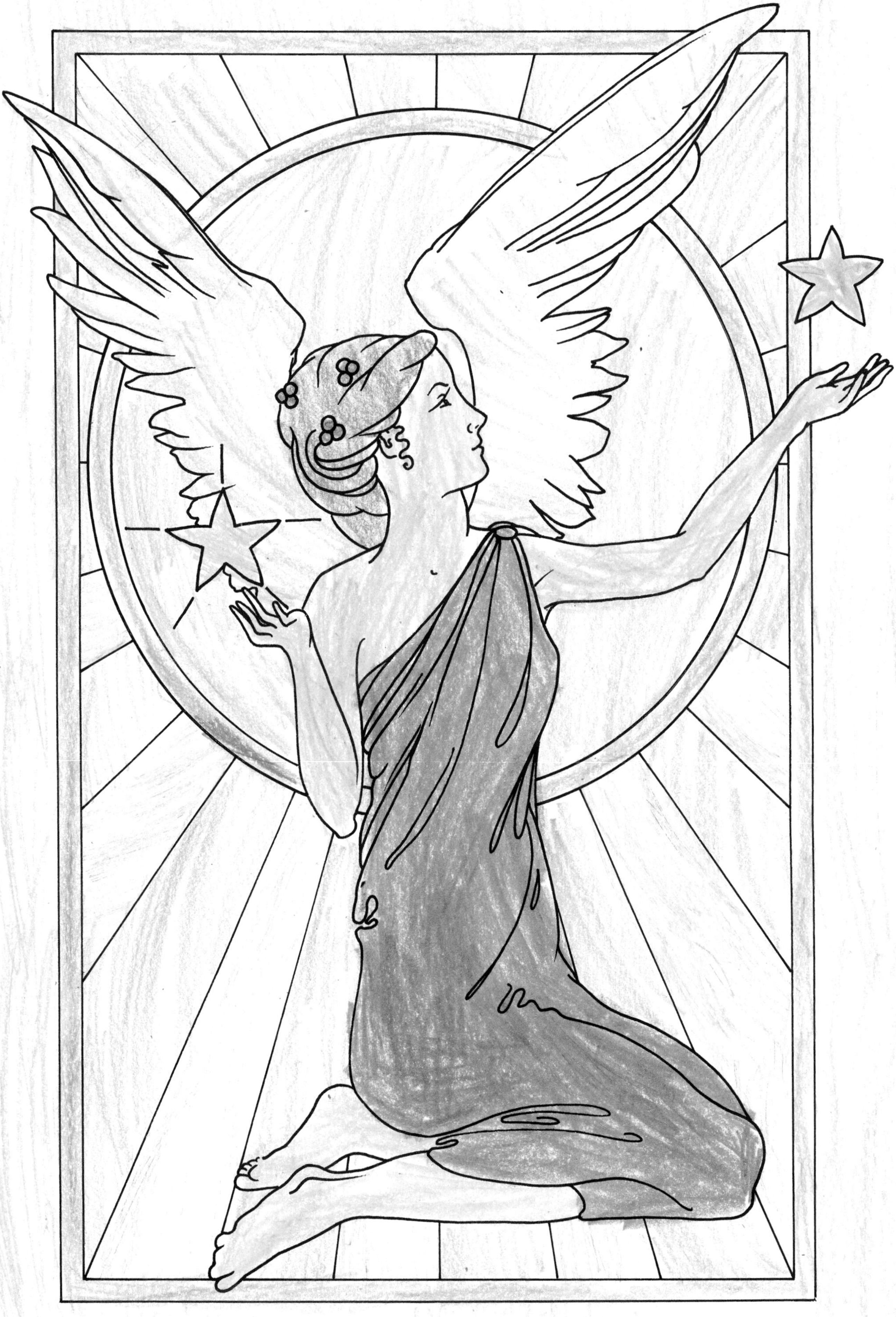

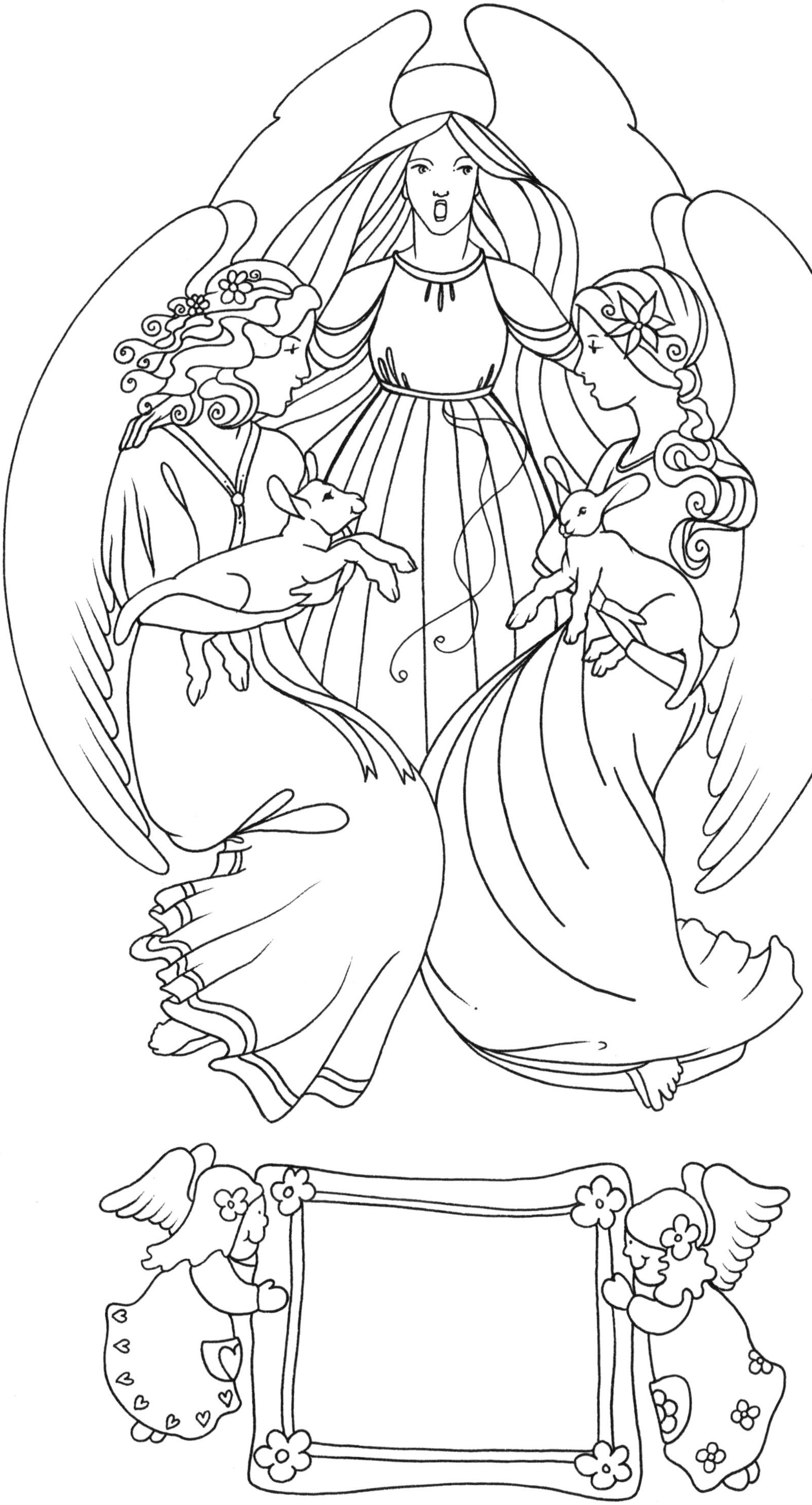

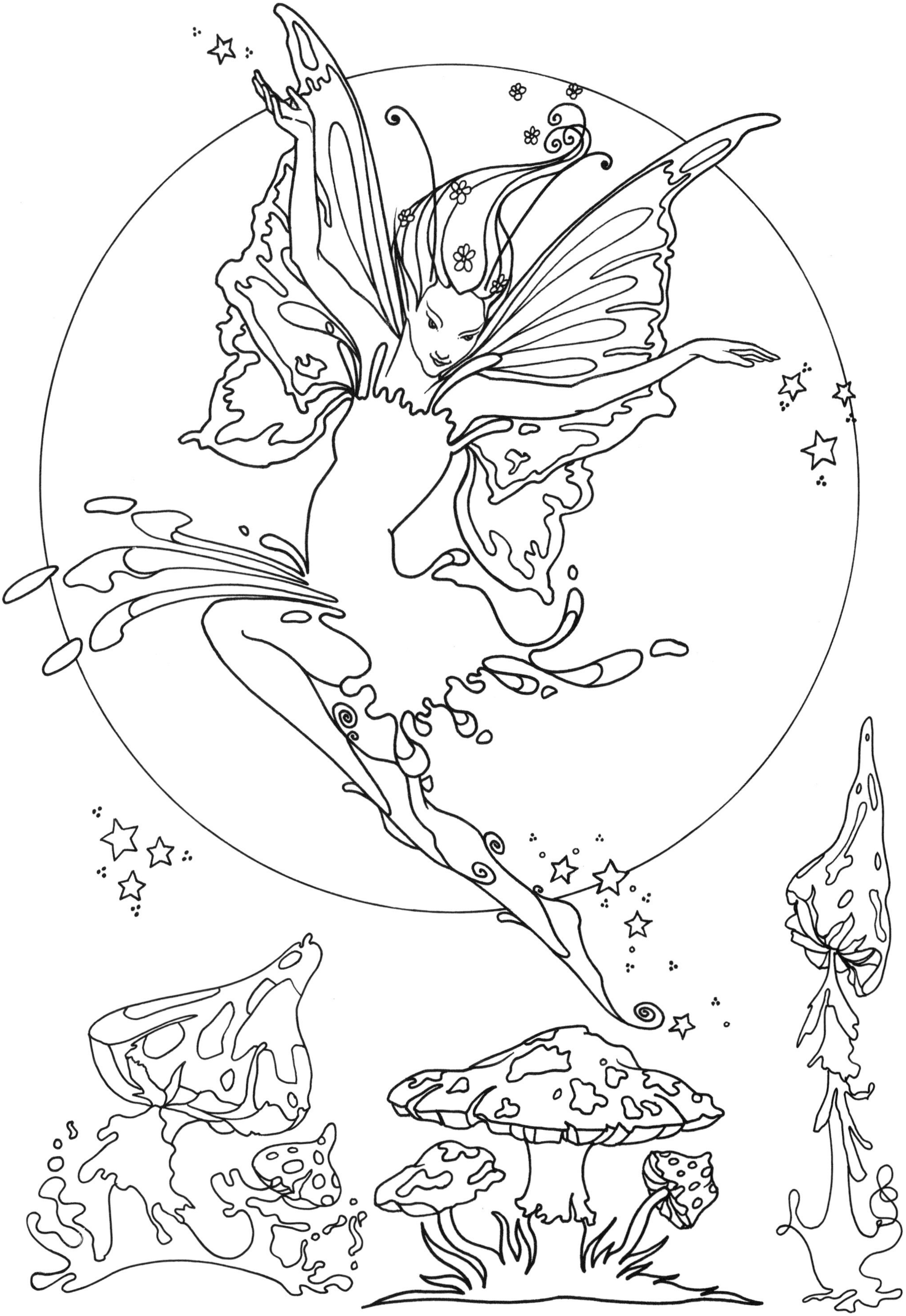

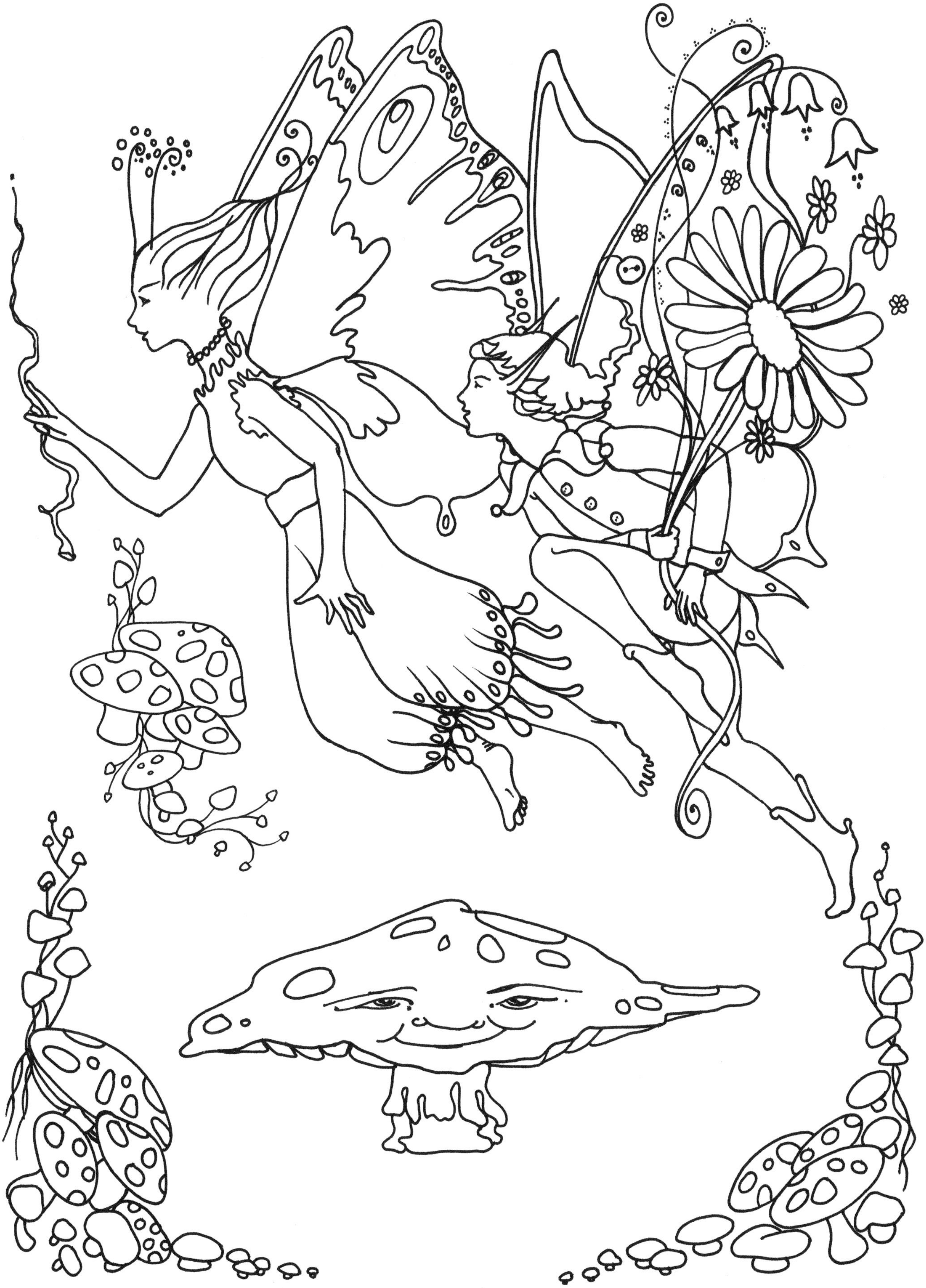

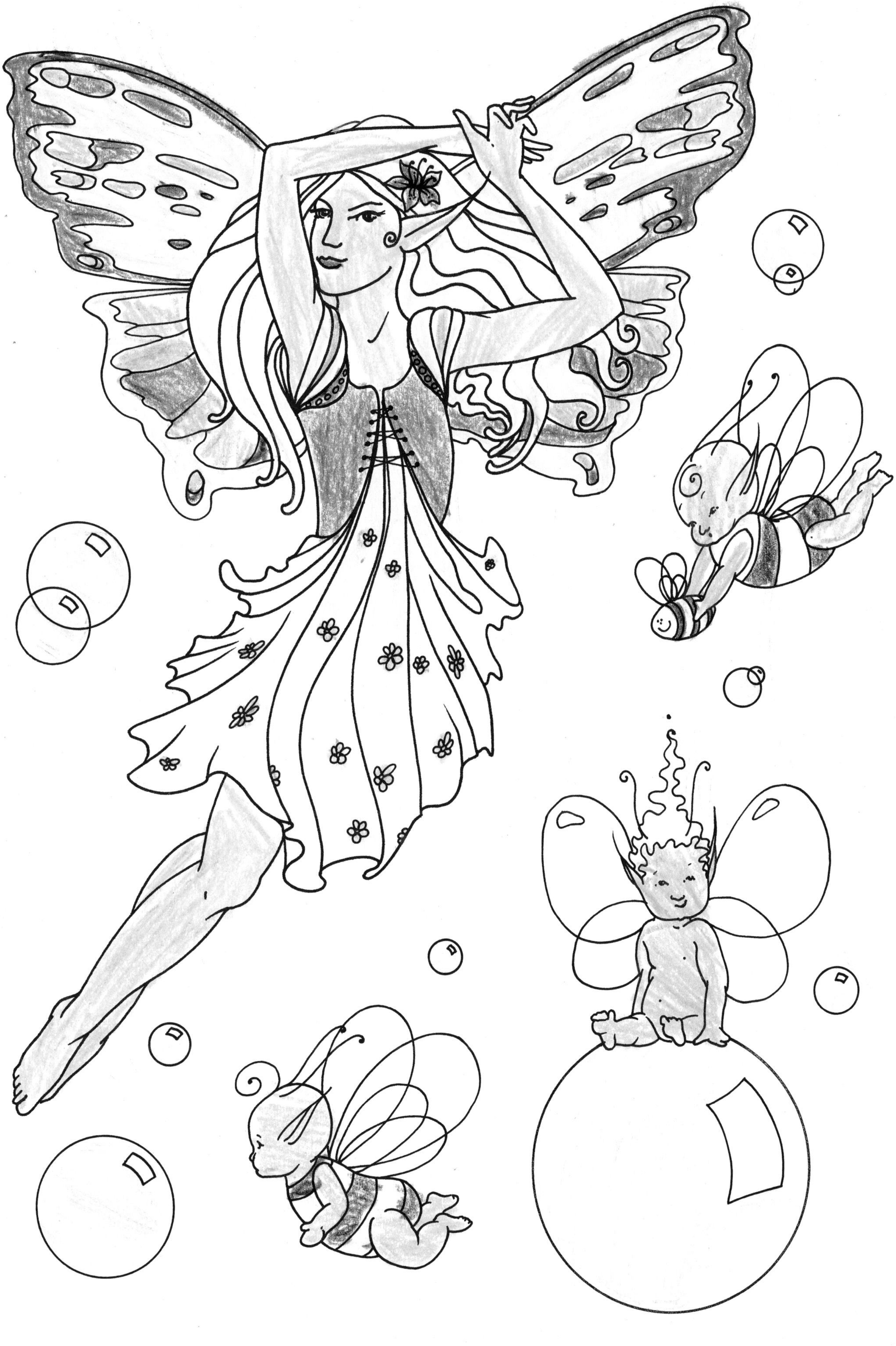

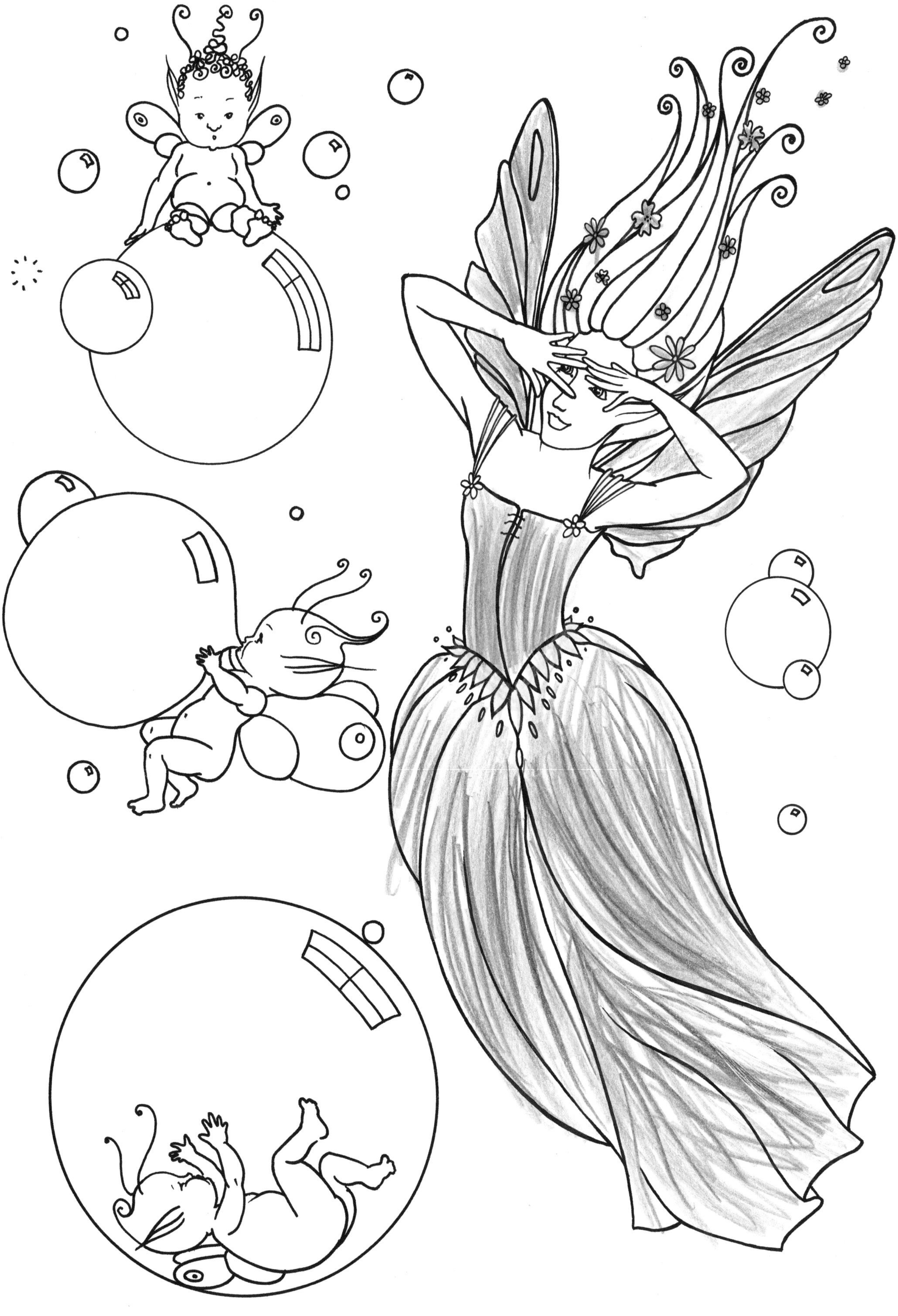

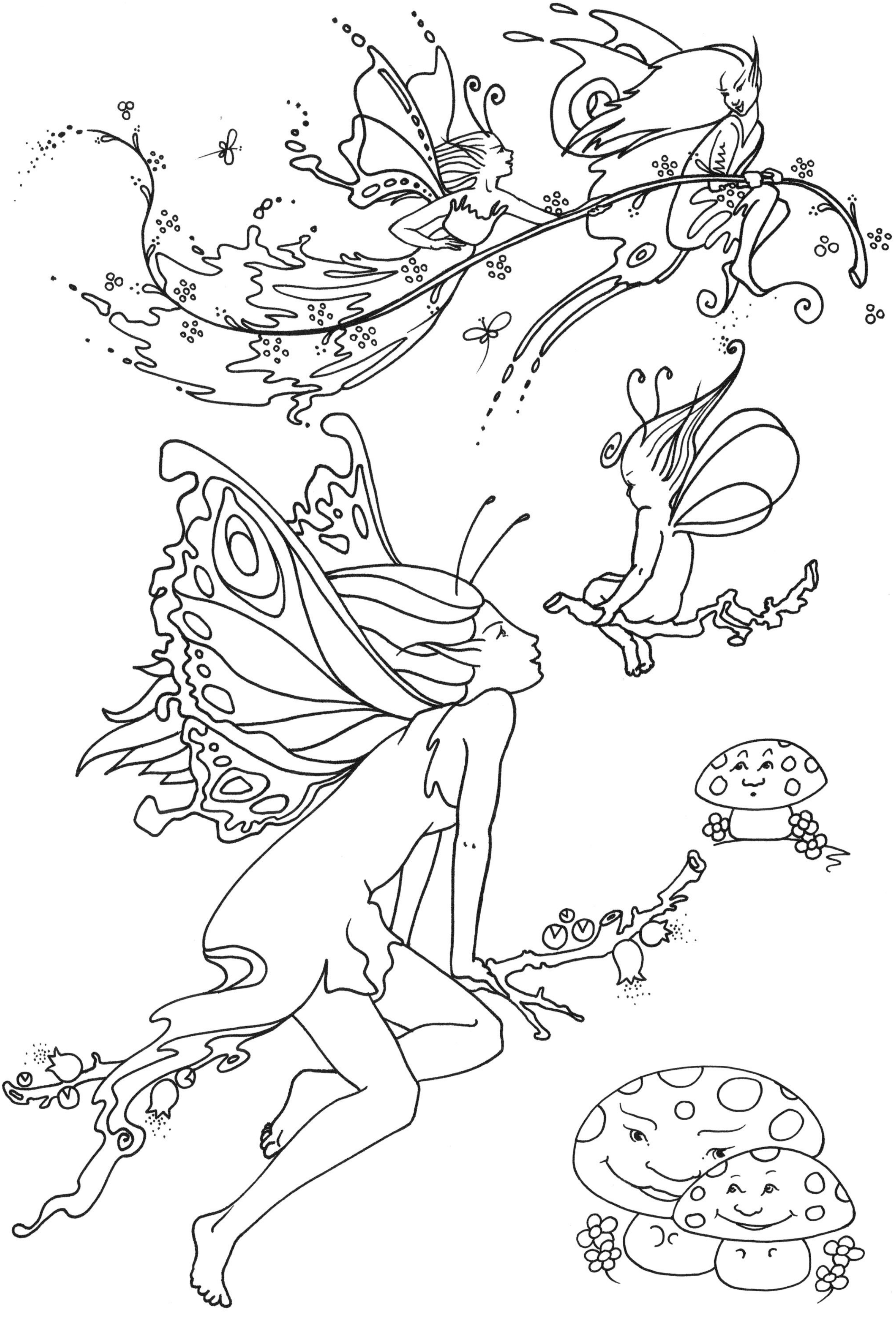

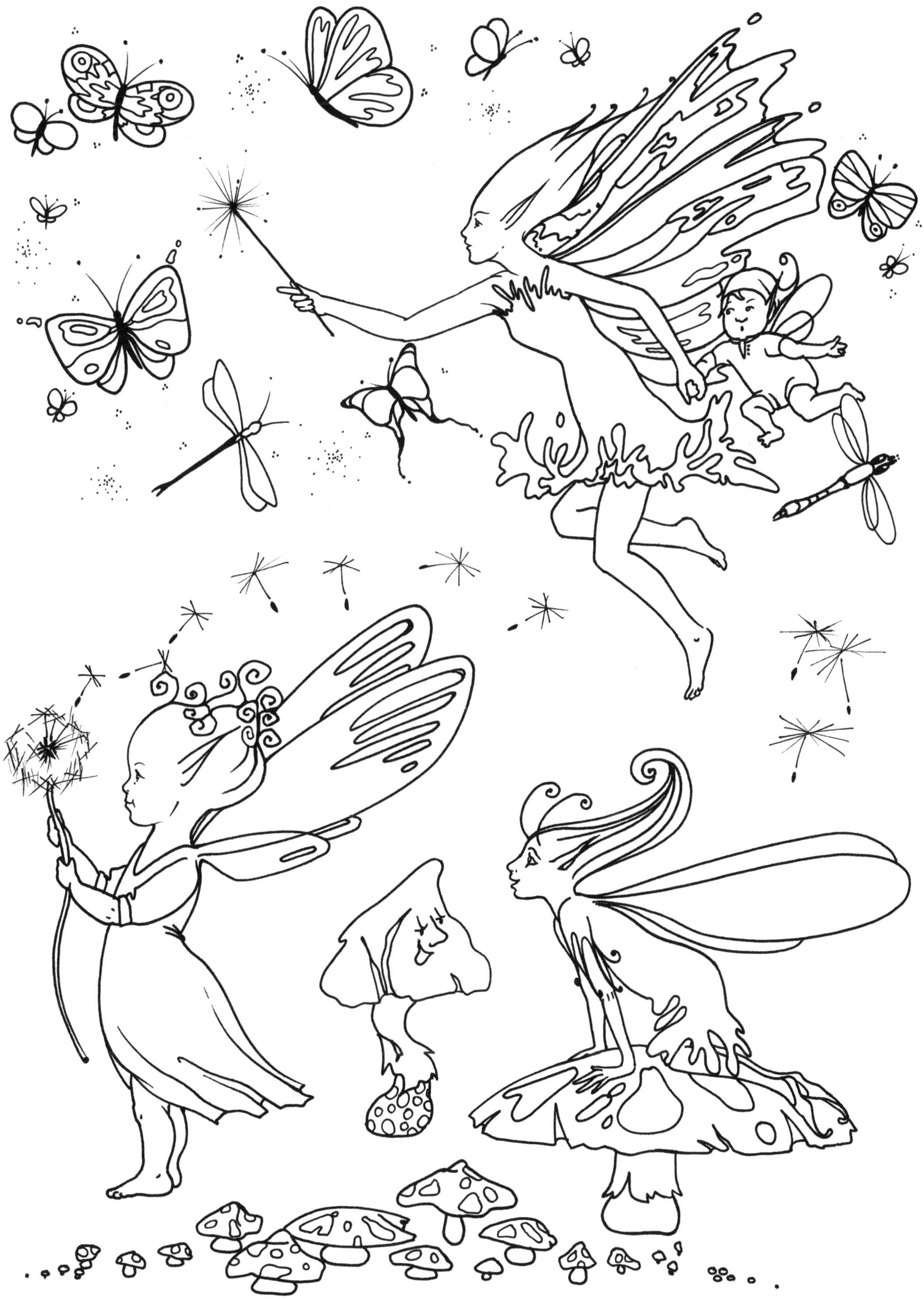

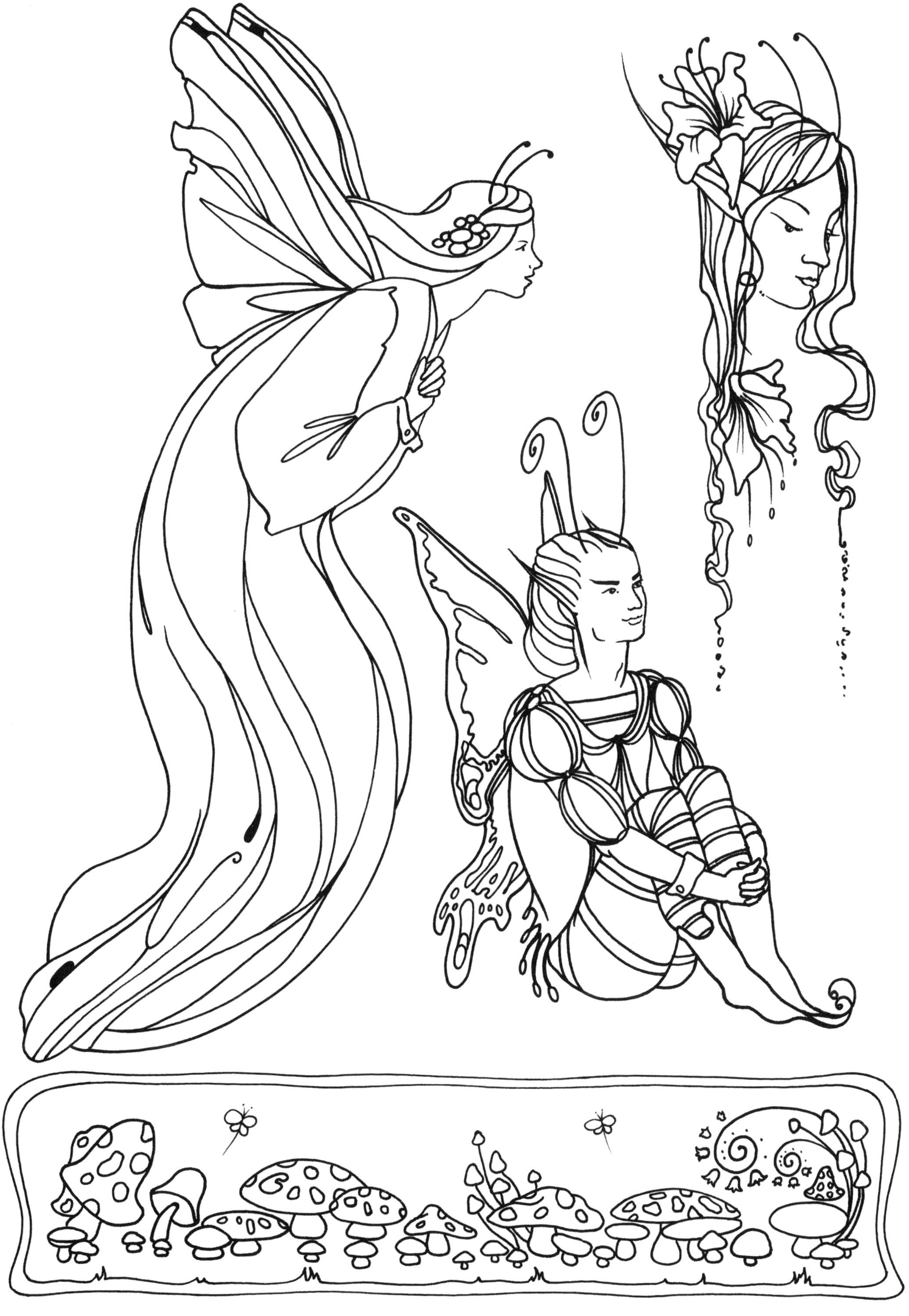

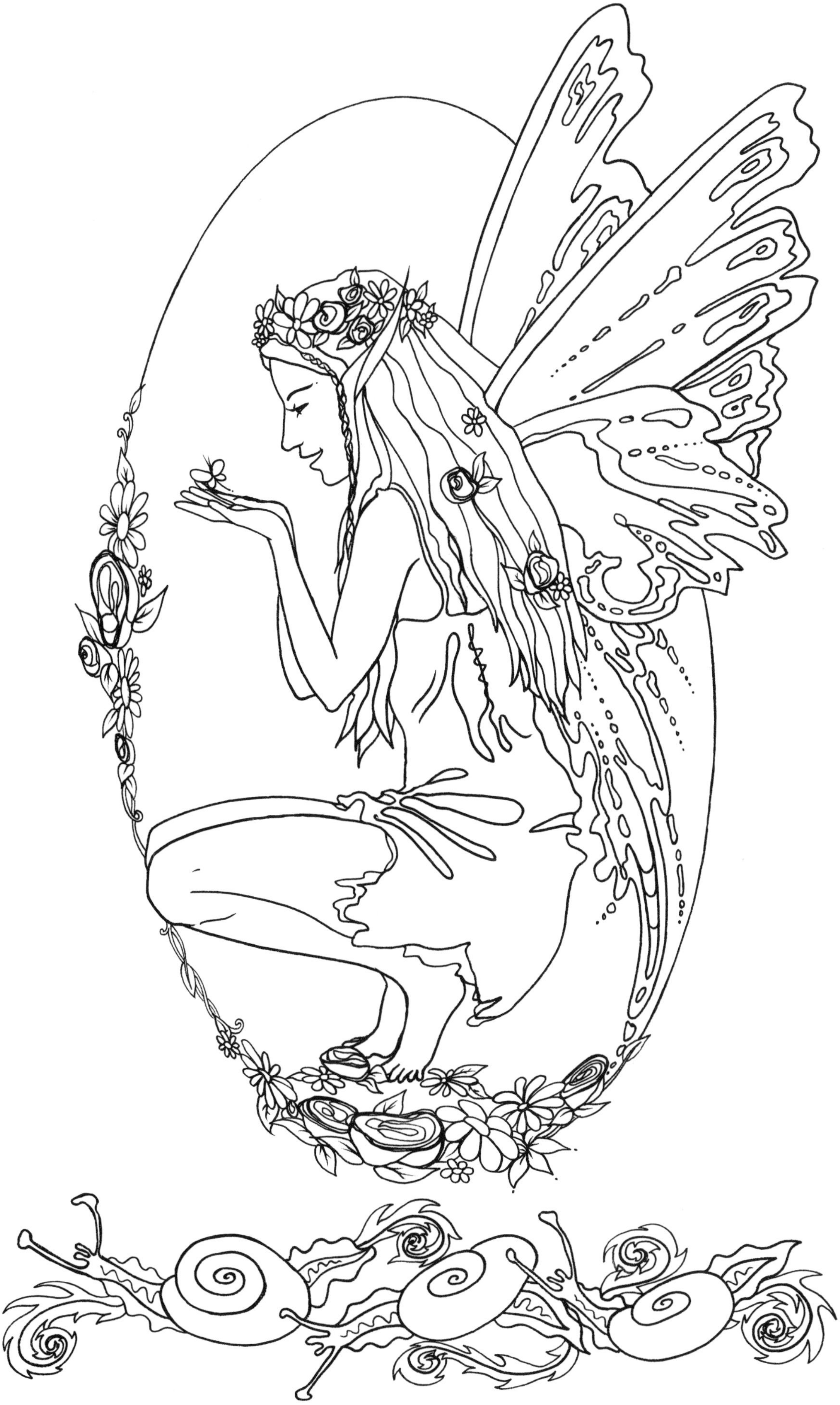

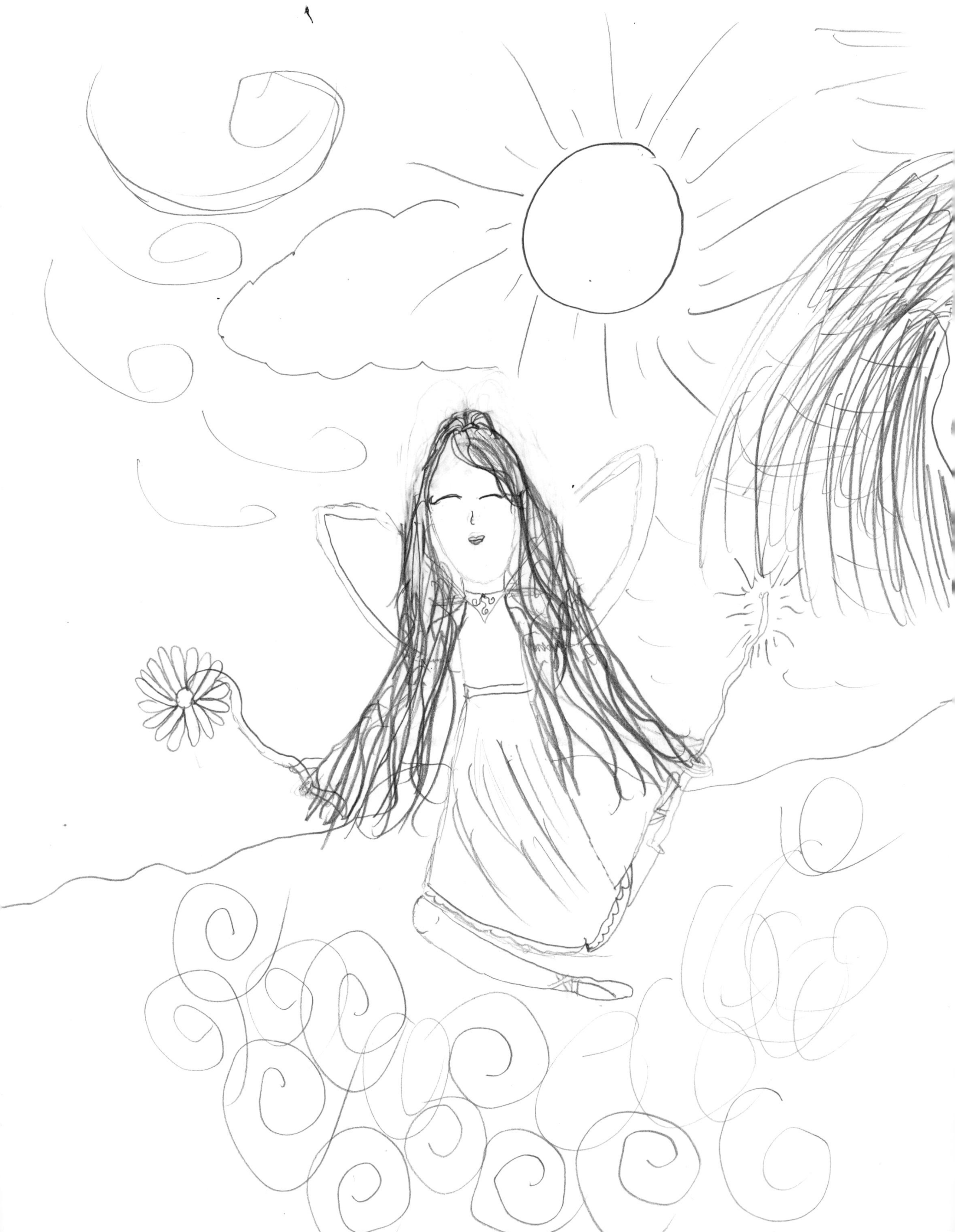

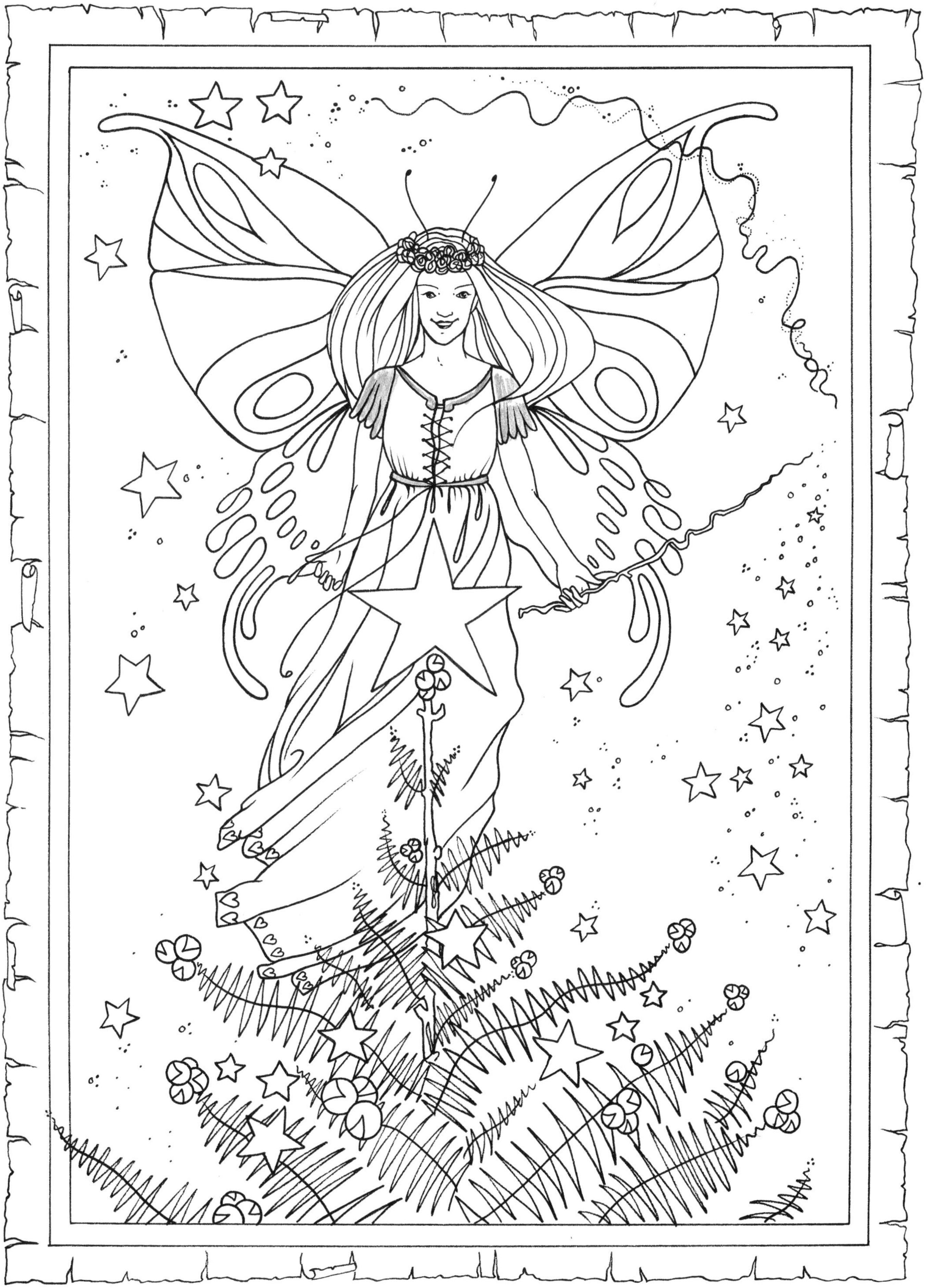

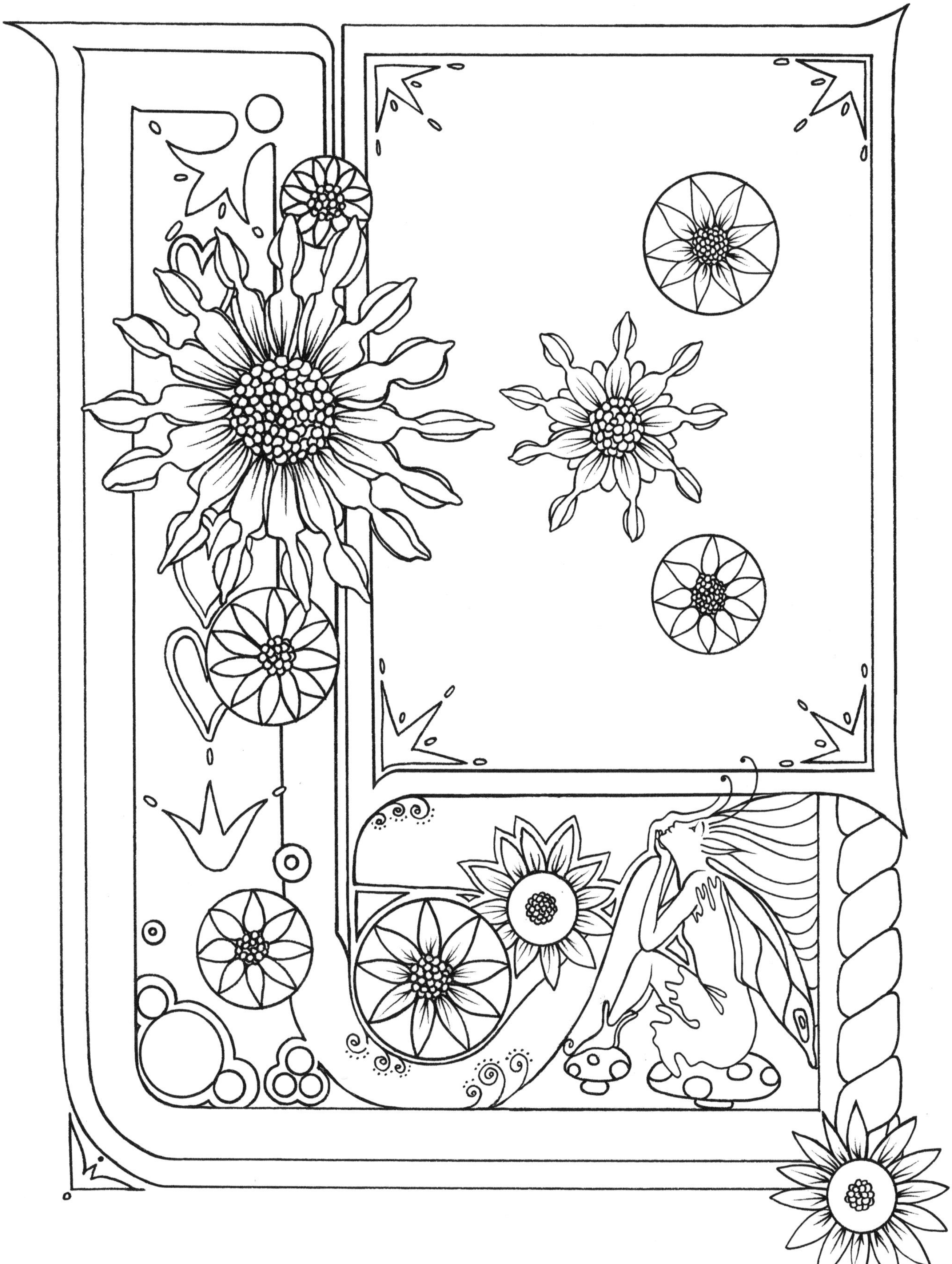

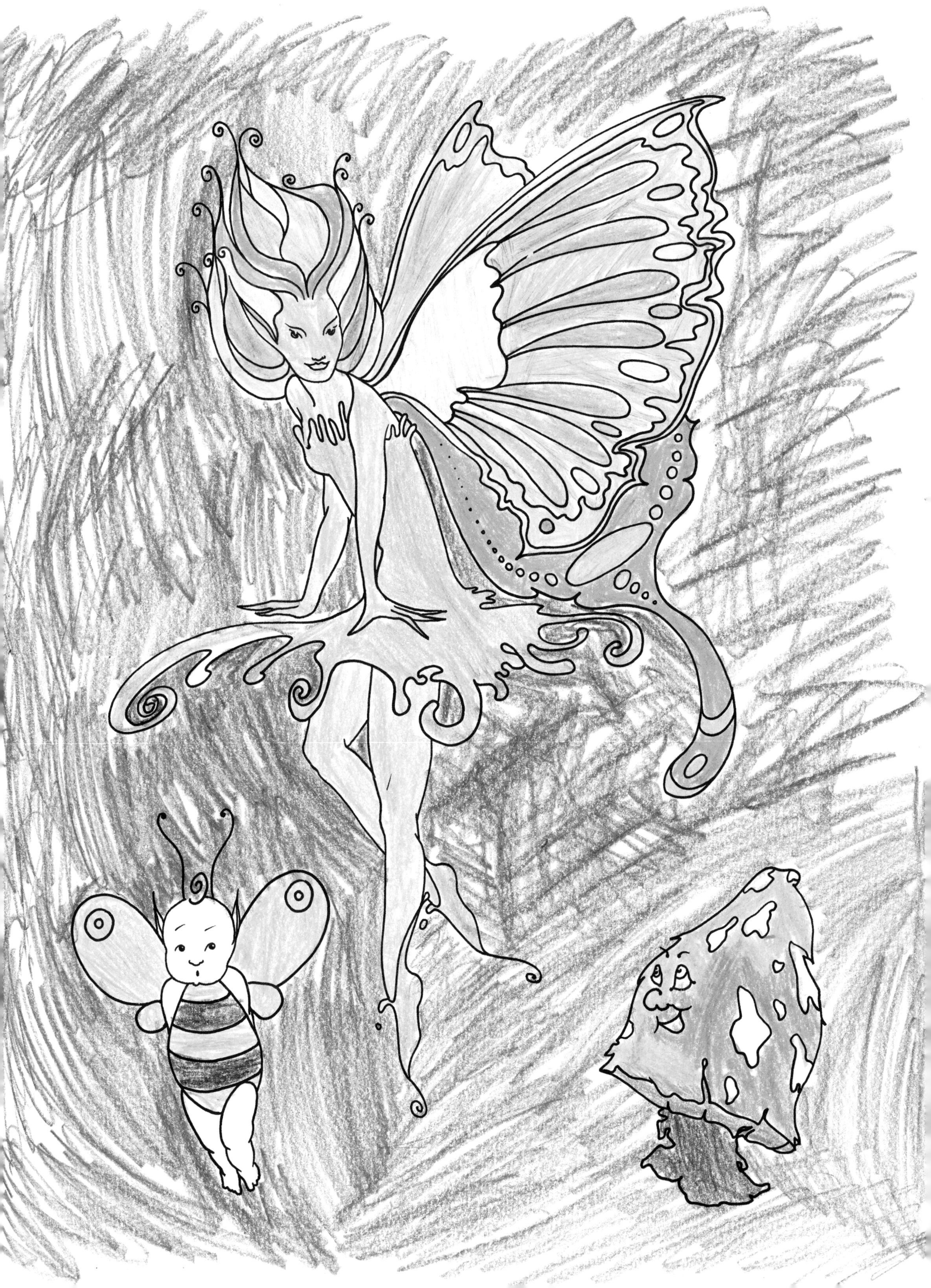

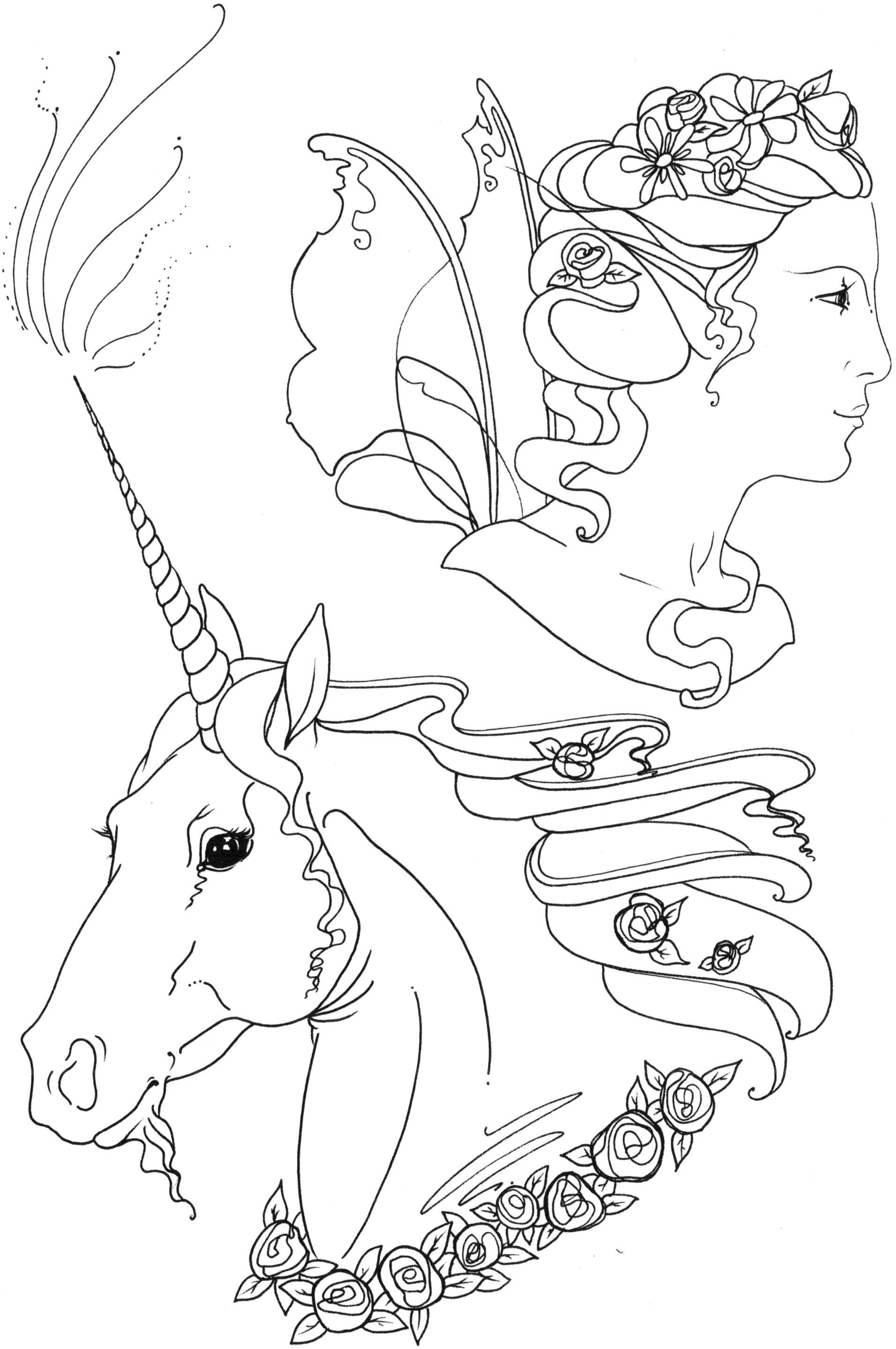

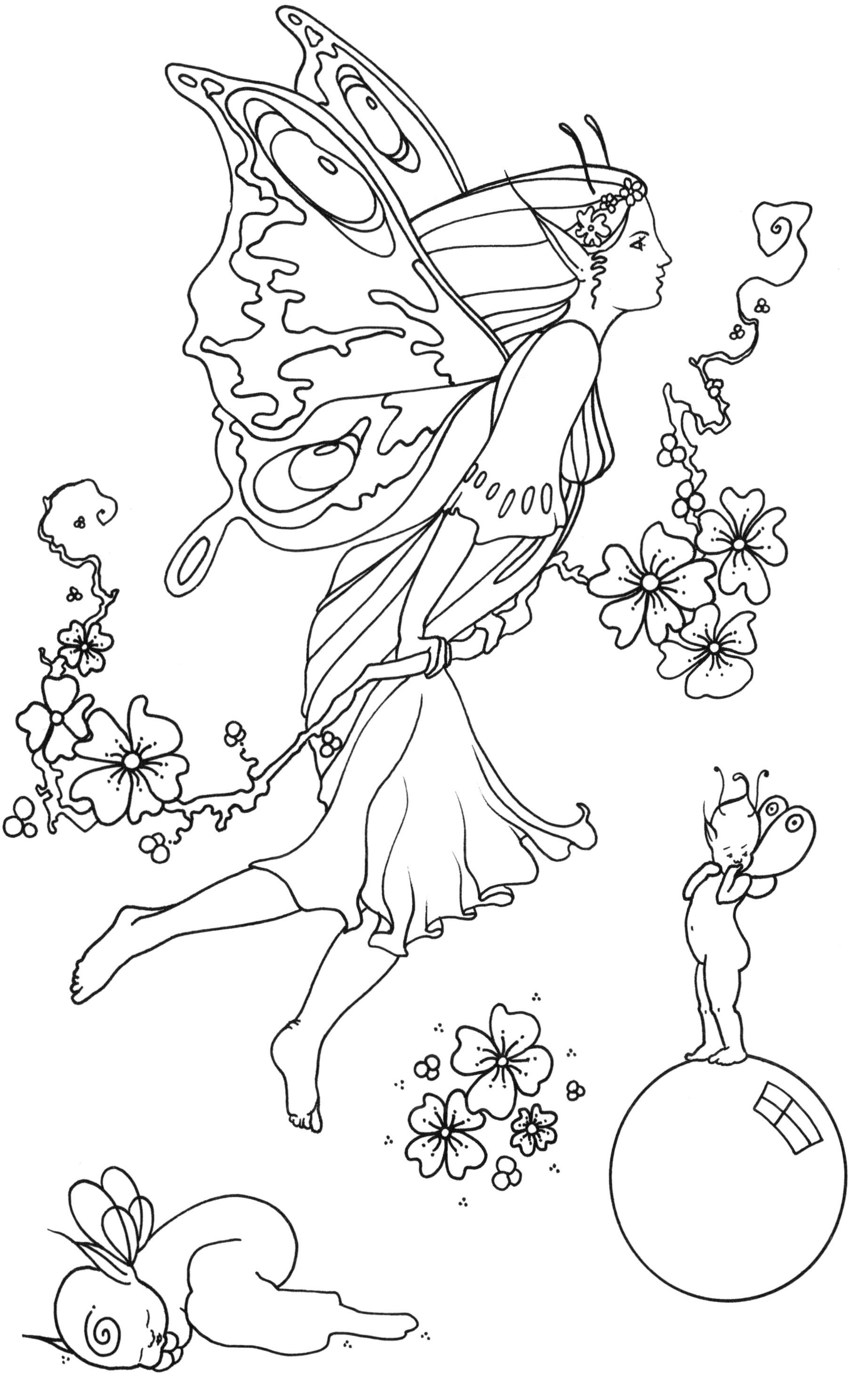

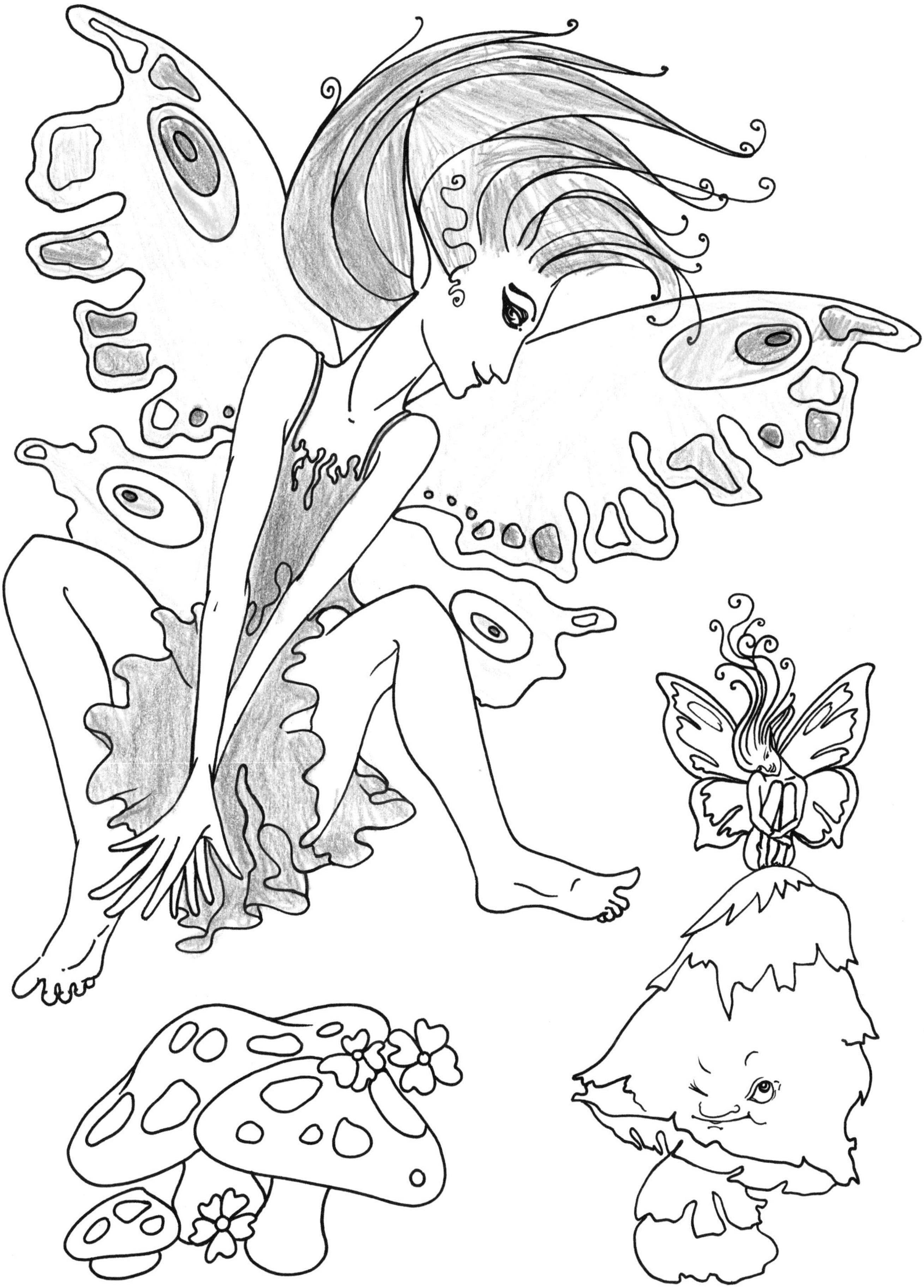

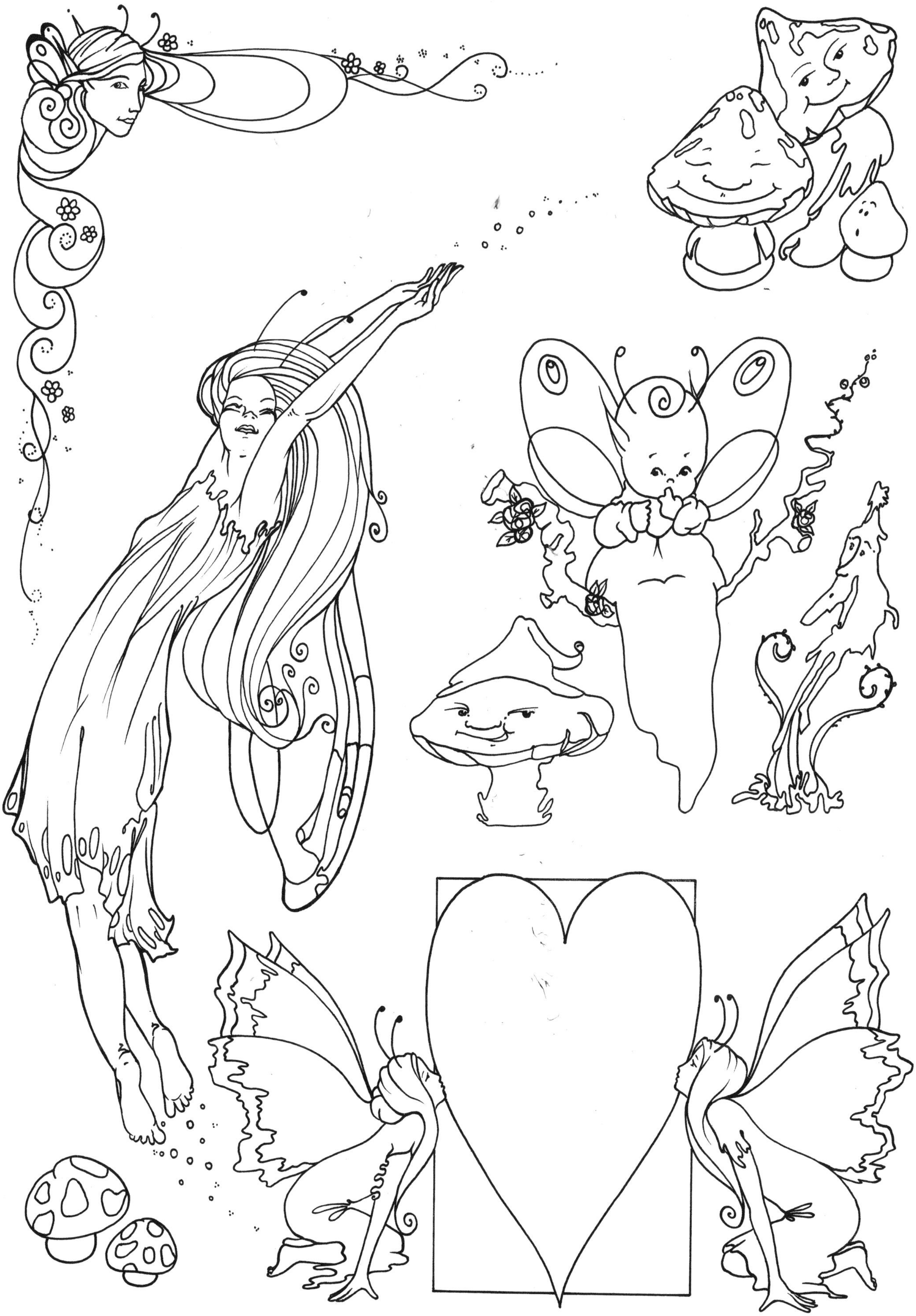

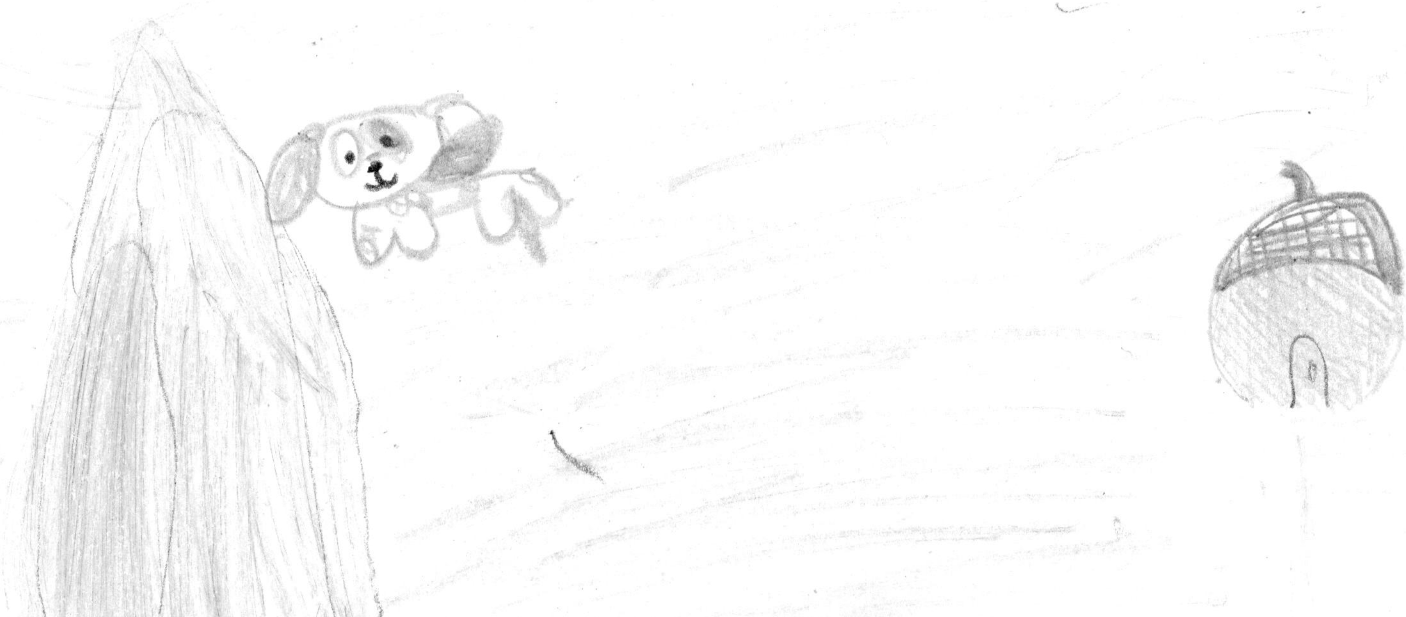

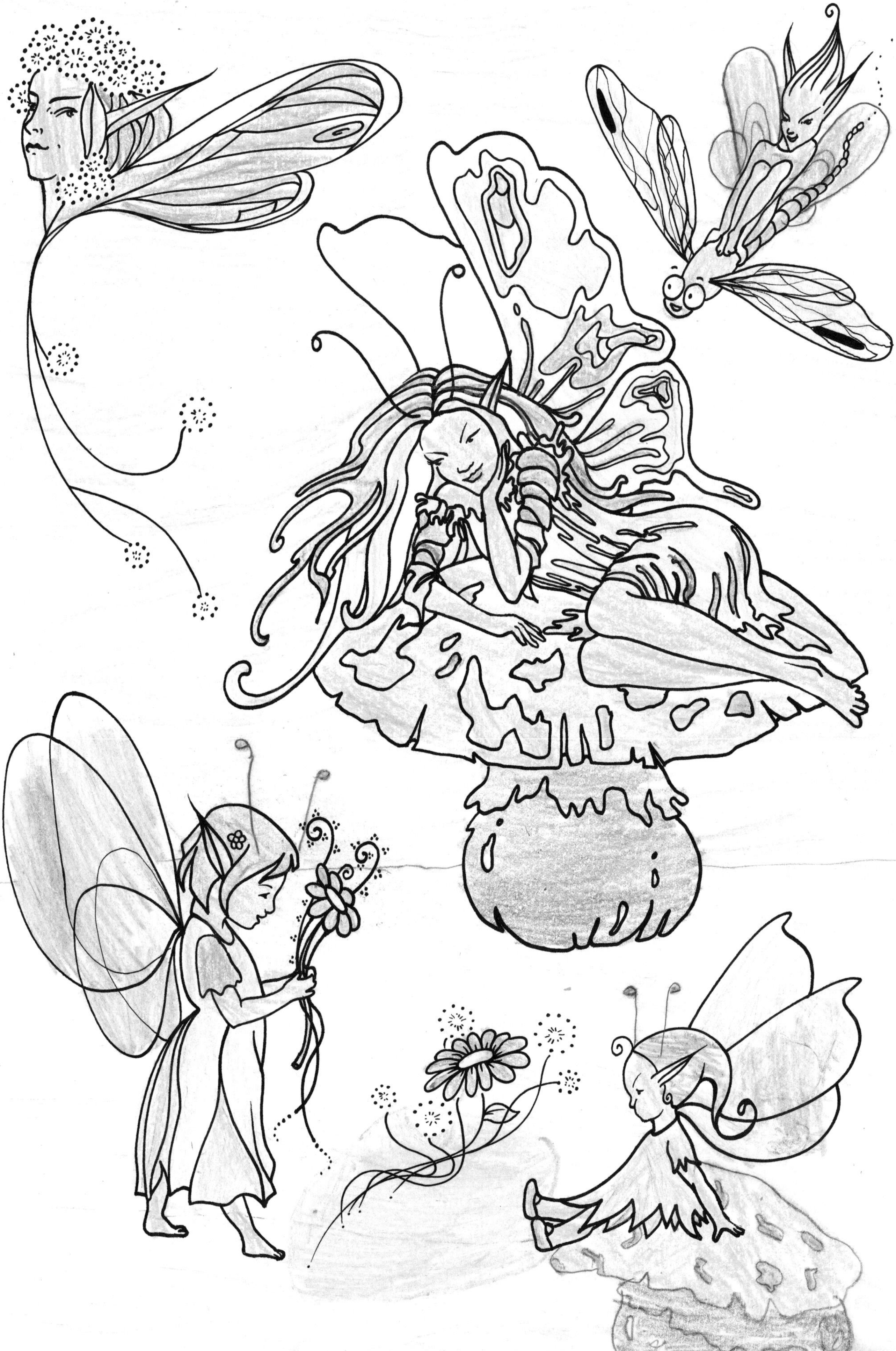

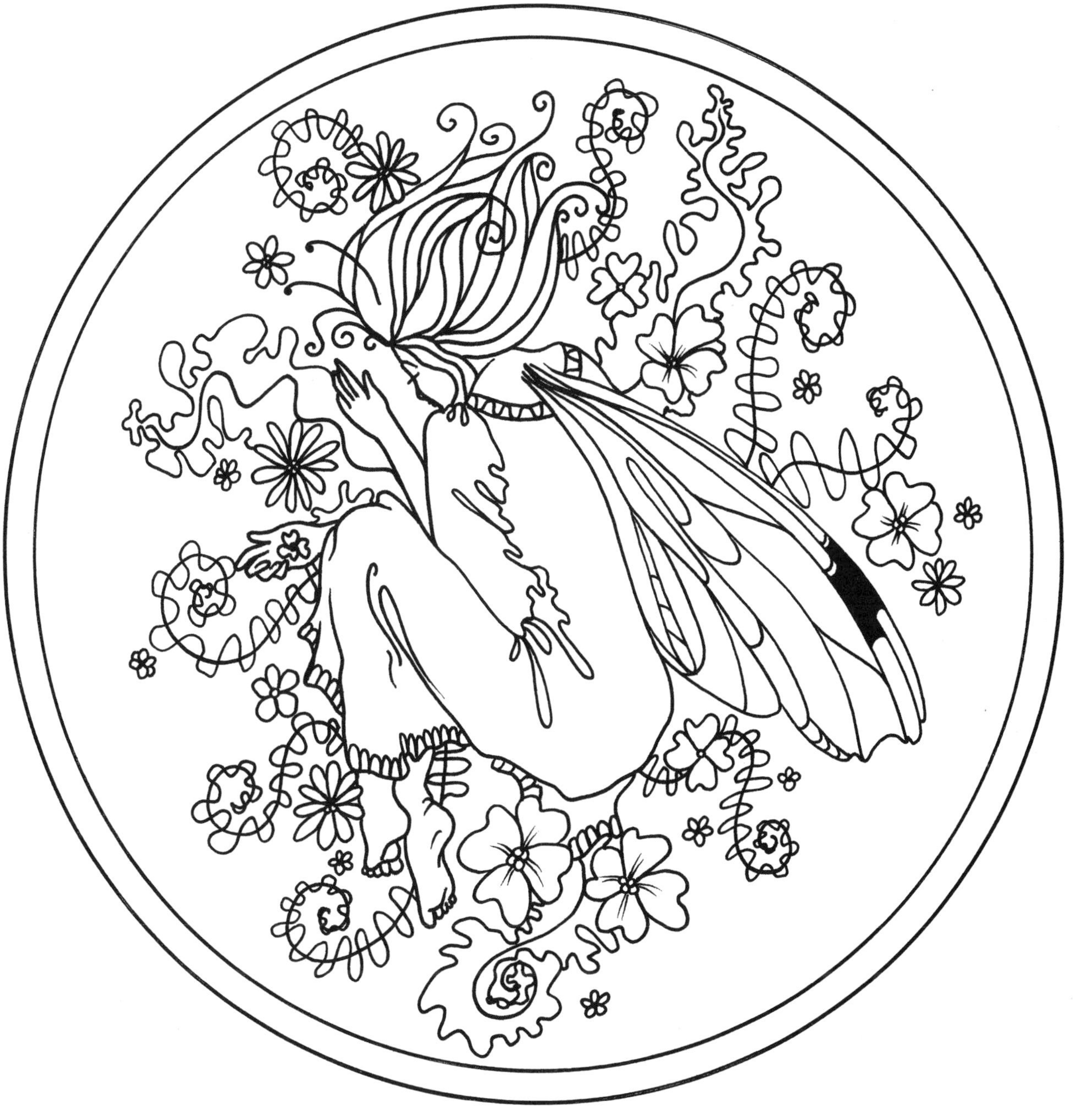

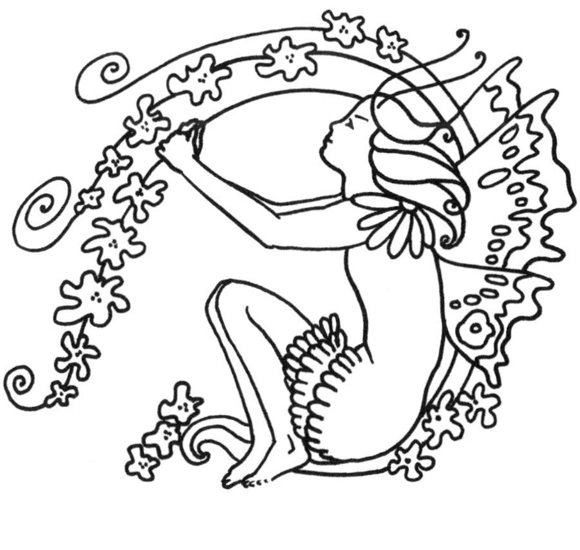